한국외국어대학교 아프리카연구소 민족지총서 2

세네갈 레부 사람들의 전통공간

이한규 지음

세네갈 레부 사람들의 전통공간

이 저서는 2010년도 정부(교육과학기술부)의 재원으로 한국연구재단의 지원을 받아 연구되었음 (NRF-2010-362-B00003)

차 례

글을 시작하면서... ········· 7

제1장 요프의 지리와 자연환경 ········· 17

1. 지리와 풍경 ········· 17
2. 자연 생태 ········· 23

제2장 레부 사람들의 역사 ········· 27

1. 인구 구성 ········· 27
2. 요프의 레부 사람들 ········· 39
3. 레부 사람들, 단일 종족인가? ········· 45

제3장 레부 사람들의 종교 문화 ········· 49

1. 전통 종교 ········· 49
2. 투르(Tuur) 제례 ········· 55
3. 레부의 이슬람 ········· 56

제4장 레부 정치와 경제 ········· 65

1. 사회 구조 ········· 66
2. 정치 조직 및 기능 ········· 69
3. 경제 활동 ········· 79

제5장 레부 사람들의 생활공간 91
1. 프랑스의 도시 식민화 91
2. 요프의 생활공간 99

제6장 레부 사람들의 요프 이야기 109
1. 우마르 은갈라 계예(Oumar Ngalla Gueye) … 114
2. 고데 샬(Codé Sall) 118
3. 벵타 게예(Binta Gueye) 119
4. 엘 하지브라히마 타노르 디우프
(El Hadjibrahima Tanor Diouf) 121
5. 아자 벵타 은도예(Adja Binta Ndoye) 123
6. 리바스 티옴(Libass Thiom) 126
7. 소다 와드(Soda Wade) 128
8. 셰리프 샬(Chérif Sall) 130
9. 마마두 은디아예(Mamadou Ndiaye) 131
10. 음보르 파예(M' Bor Faye) 134

참고문헌 137

글을 마치면서... 141

세네갈 개관 145

글을 시작하면서...*

요프(Yoff)는 세네갈 수도 다카르(Dakar)에서 약 15㎞ 떨어져 있다. 요프는 행정 구역상 다카르 도(道)에 속해 있는 레잘라디에(Les Aladies)(區)의 한 읍(邑)이다.[1] 현재 6만 명 정도가 거주하고 있는 요프 지역은 루피스크(Rufisque), 음부루(Mbour)와 함께 레부(Lébou) 사람들의 전형적인 전통 마을이 있는 지역 중의 일부다. '기린의 머리 모양'을 한 프레스킬(Presqu'ile: 프랑스어로 '반도')의 까브-베르(Cape-Vert)[2]는 레부 사람들의 주요 거주

---

* 본 글에서 나오는 외국어는 세네갈이 프랑스어를 공용어로 사용하고 있기 때문에 현지인들이 발음하는 것에 근사하게 프랑스어로 표기하였다.

1) 세네갈은 프랑스의 행정 구역 구조를 그대로 사용하고 있다. 도(道)는 데파르트망(départements)으로 호칭하는데, 데파르트망은 구(區) 혹은 군(郡)에 해당하는 아롱디스망(arrondissements)으로 나뉜다. 이 아롱디스망은 면(面)이라고 하는 캉통(canton)으로 나누어지고 그 밑에는 읍(邑)에 해당하는 꼬뮌(commune)으로 나뉜다. 다카르에는 19개의 꼬뮌이 있고, 요프는 이러한 꼬뮌들 중 하나다. 요프의 행정 명칭은 코뮌이지만, 요프의 레부 사람들은 빌라쥬(Village), 즉 '마을'이라고 호칭한다. 따라서 본 글에서는 요프를 마을로 통일할 것이다.

2) 까브-베르는 1975년 포르투갈 식민 지배로부터 독립한 아프리카 북서부 대서양 도서국인 까뽀 베르데(Capo Verde)공화국과는 다른 이름이다.

지였다. 또한 요프는 지정학적으로 아프리카 서쪽 끝에 위치에 있으며 대서양에 인접해 있어서 서구 세력들이 용이하게 내륙으로 진출할 수 있는 중요한 교두보 역할도 하였다. 이로 인해, 세네갈은 16세기부터 포르투갈, 네덜란드, 영국, 프랑스 등에 의한 점령이 여러 차례 반복되기도 하였다.

언어학적으로 이 지역은 니제르-콩고어족(語族)에 속해 있지만, 오래전부터 다양한 종족들이 이주하였기 때문에 어족을 통한 구분은 현재 큰 의미를 갖지 못한다. 세네갈 사람들의 95%가 월로프(Wolof)족의 모어(母語)인 월로프어를 교통어로 사용하고 있다. 하지만 세네갈은 30여 개의 종족들로 구성되어 있다. 이러한 종족적 다양성은 종교에서도 나타난다. 전체 인구의 94%가 무슬림이지만, 세네갈 정부는 독립 이후 지속적으로 정교(政敎) 분리의 원칙을 헌법상 보장하고 있으며, 지도자들도 이를 철저히 준수하고 있다. 예를 들어, 초대 대통령 레오폴드 세다르 생고르(Léopold Sédar Senghor)는 프랑스에서 유학한 철저한 천주교 신자이지만, 자신의 종교를 정치적 수단으로 이용하지 않았다. 또한 정치적 지지를 확보하기 위해 자신의 종교를 버리고 이슬람으로 개종하지도 않았다.

현재 지역적으로 기독교가 많이 분포되어 있는 곳은 수도 다카르에서 120㎞ 떨어진 세레르(Sérére) 지역이다. 그러나 세네갈

곳곳에는 모스크(mosque)와 성당(cathedral)이 같은 지역에 이웃하여 존재하는 것을 종종 발견하게 된다. 그뿐만 아니라 까자망스(Casamance)의 공동묘지에는 기독교인과 무슬림의 묘가 함께 있다.

이처럼 세네갈에는 30여 개의 종족이 있으며, 기독교와 이슬람이 평화롭게 공존하면서, 자신들의 문화를 유지하고 있는 특이한 환경이 존재한다. 이러한 현상은 종교 문제로 정치 · 사회적 갈등을 여전히 빚고 있는 나이지리아와는 매우 대조적이다. 대부분 아프리카 국가들은 독립 이후 종족적 혹은 종교적 갈등으로 분쟁의 경험과 위험 때문에 현재까지도 제대로 된 국민통합을 달성하지 못했다. 그로 인해 정치 · 사회적인 안정을 찾지 못하고 있다. 더욱이 최근에 수단은 에리트레아(Eritrea)에 이어서 두 번째로 국가가 종교 문제(21세기에는 자원 문제도 복합적으로 작용하였음) 때문에 남북으로 분리되기도 하였다. 하지만 세네갈에서는 자신의 종교를 타인에게 강요하지 않으며, 다른 종교를 공개적으로 방해 혹은 비방하는 경우가 거의 없어, 종교 문제로 국가가 위기에 처하는 일이 흔치 않았다.

물론, 이러한 문화적 자유는 문화의 다양성을 확산시키는 동인이 된다. 그러나 이러한 환경에 잘 적응하지 못하거나, 기존 환경의 변화를 거부하는 일부 소수 종족에게 있어서는 사회적 소외 문제로 나타날 수 있다. 때문에, 차후 세네갈의 균형적인 사회 발전의 걸림돌로 작용할 가능성이 크다. 대표적인 것이 수도 다카르 근교 요프에 거주하는 레부 사람들일 것이다. 이들은 큰 범주로는 월로프어족에 속한다. 이들은 프랑스 식민 지배 이전인 15세기 경 푸타-토로(Fouta-Toro) 지역에서 이주한 졸로프(Djolof) 왕국의 신민(臣民)이었다. 그러나 대부분이 14~17세기에 현재 까브-베르의 해안 중심으로 이동하여 지금의 지역에 정착하게 된다.

그럼에도 현재 이들은 다카르로 이주한 다른 종족들 때문에, 오히려 소수 종족으로 전락하여 영세 어업, 농업 및 잡역 등으로 어려운 생활을 하고 있다. 그뿐만 아니라 도시화의 진전과 시장 경제의 빠른 확산은 이들의 고유한 문화와 생활을 점점 위협하고 있다. 또한, 젊은 레부 사람들의 도시 이주가 많아지면서, 과거와 같은 전통 공동체의 유지가 쉽지 않아 보인다. 그나마 다행인 것은 이들 대부분이 이슬람의 강한 공동체 의식을 통해 자신들의 고유한 문화와 정체성을 유지하고 있다는 점이다. 하지만 레부 사람들이 판단하기에도, 광범위하게 진행되는 도시화와 현대화 및 자유 시장 확산 등의 이유 때문에 이들이 문화적 정체성을 언제까지 유지할 수 있을지는 미지수다. 특히 레부 사람들의 전통 문화가 그나마 가장 오래 보존되어 있다고 하는 요프는 다카르에서 20㎞밖에 떨어지지 않은 근교라는 점에서 정치 · 사회적으로 민감한 지역이다. 더욱이 최근 들어 요프 지역 주변을 중심으로 도시화가 활발히 진행되고 있다. 이러한 점에서, 레부 사람들에 대한 논의는 소수 종족, 전통 사회의 정체성, 탈 종족화, 사회발전 균형 등 현대화 과정에서 나타나는 다양한 문제들과 밀접하게 연계되어 있다고 하겠다.

따라서 본 글은 레부 사람들-특히 요프 사람들-의 생활공간을 통해서, 이들의 '문화 접변'과 '변화 과정'에 관해 이해하는 것을 목적으로 한다. 특히 정부는 세네갈의 민주 사회로의 완전한 이행을 위해서는 레부 사람들의 정치 · 문화 · 사회 · 경제적 상황들을 도외시할 수 없다. 이러한 점에서 필자는 이 지역에 주목하고자 하는 것이다. 왜냐하면, 민주화는 일부 계층, 지역, 종족 등을 위한 것이 아니라 사회 구성원 모두가 공평하게 자신의 가치를 추구할 기회를 가질 수 있게 하는 제도적 장치의 안정화에 달려 있기 때문이다. 더욱이 레부 사람들에 대한 제도적 소외는 차후 세네갈의 민주 사회로의 발전에 걸림돌로 작용할 것이다. 따라서 본 글에서 요프에 사는 레부 사람들(이들은 종종 요프 사람들이라고 불리기도 한다.)을 다룸으로써, 세네갈 사회를 보다 구체적으로 이해하는 데 도움을 주고자 한다.

본 글은 필자가 2010년 7월 6일~22일 및 2011년 7월 8일~25

일까지 세네갈 현지 방문을 통해서 수집한 현지 고서 자료와 요프 현지에 거주하는 레부 사람들, 즉 요프 사람들과의 인터뷰(10명 대상) 및 설문 조사(50명 대상)를 바탕으로 작성되었다.

필자는 1997년~2009년까지 카메룬의 정치 문화에 관한 연구를 해 왔다. 같은 프랑스어권인 세네갈에 처음으로 발을 들여놓은 것은 2010년 7월 6일이었다. 하지만 도착 시각이 칠흑같이 어두운 밤 11시여서 무척 당황했다. 10년 이상 아프리카를 오갔지만 이렇게 늦은 시간에 아프리카에 도착한 경험이 없었기 때문이다. 전력 사정이 안 좋아서 그런지, 단층짜리 공항 건물 주위는 사람을 겨우 구분할 정도의 가로등만이 공항의 밤을 밝히고 있었다. 다행히 다카르 대학에 재직하고 있는 우세누 까(Ousseynou Ka) 교수의 친절한 마중과 안내로 그 대학 내의 교수 숙소에 밤 12시경 무사히 짐을 풀 수 있었다.

이틀 후 흑아프리카 기초연구소(Institut Fondamental d'Afrique noir: IFAN) 소장 하마디 보쿰(Hamady Bocoum)의 배려로, 현지 조사 지역인 요프를 사전 방문하고 본격적인 현지조사에 들어갔다. 그리고 다음 해 2011년 7월 8일 두 번째로 세네갈에 방문하여 심층적인 현지조사를 위해서 다카르 대학에 재학 중인 4명의 현지보조원을 동반하고 요프 마을로 향하였다.[3)] 요프는 해안 끝까지 뻗어 있는 큰 도로를 제외하고는 대부분 도로가 포장되어 있지 않았다. 이들 도로의 너비는 고작해야 2미터 정도 되어 보였다. 물론 이보다 더 넓은 도로도 있다. 하지만 일부 도로를 제외하고는 넓은 도로나 좁은 도로나 모두 모래로 가득 차서 소형 자동차조차도 들어갈 수 없다.

마치 해변을 걸어가는 것처럼 모래로 된 도로를 힘들게 밟으며 현지보조원들과 함께 요프 전통 마을이 형성되어 있는 은둔가제(Ndeungage)와 음벵겐느(Mbenguène)에 다다랐다. 이방인을 향해 사정없이 내리쬐는 뜨거운 햇볕을 맞으며 레부 사람들-정확히 말하면 요프 사람들-의 일상을 살펴보았다. 뜨거운 햇살을 피해 잠시 그늘에 머물거나 대서양이 맞닿은 해변으로 가서 시원한 바람을 맞아보기도 했지만, 그것도 잠시뿐이었다.

이 책에서 풀어지는 이야기들은 2011년과 2012년에 세네갈 국립 고서자료실에서 수집한 자료가 바탕이 되었으며, 또한 이러한 자료의 근거를 어느 정도 제공해 줄 수 있는 현지인들의 생생한 이야기들은 중간 중간에 삽입하는 식으로 전개되었다.

---

3) 요프는 행정 구역으로는 읍에 속해 있지만, 이곳의 현지 사람들은 빌라쥬(village)라고 부르고 있어서 인구 구성에 따른 행정 구역의 명칭과는 다르다.

주요 교통수단. 좁은 길에서 마차는 레부 사람들에게 매우 필요하다. 2012년 7월 20일 촬영.

아프리카 정치학을 전공한 필자의 글은 인류학자들의 의해서 작성되는 민족지와는 많은 차이가 있을 것이다. 이러한 점에서 독자의 깊은 이해가 있기를 바란다.

이 글이 나오기까지 현지에서 많은 도움을 준 우세누 까 교수, 흑 아프리카 기초연구소 소장 하마디 보쿰, 필자 왼쪽으로부터 현지보조원 까(Allé Mada Ka), 꿀리발리(Ousmane Coulibaly), 트라오레(Sara Traoré), 음벵그(Ibrahima Mbenque), 그리고 심층면접(in-depth-interview)과 설문 조사에 응해준 요프의 레부 사람들에게 감사를 표한다. 특히 낯선 아시아 이방인을 따듯하게

현지 연구보조원. 인터뷰와 설문 조사 준비를 위해 카 교수 연구실에서 회의함. 2012년 7월 12일 촬영함.

맞이해주고 많은 이야기를 들려준 요프의 향토사 우마르 은갈라 계예(Oumar Ngalla Guéye)에게 더욱 감사드린다. 다카르의 빠른 도시화 때문에 자신들의 주거 공간은 물론, 전통 지역에 대한 보존 위기조차 걱정해야 하는 요프의 레부 사람들이 자본주의 도시화에서 희생되지 않고 자신들의 문화와 정체성을 보존하며, 다카르 역사에서 소외되지 않기를 간절하게 소망한다.

제1장
요프의 지리와 자연환경

1. 지리와 풍경

북위 14° 46’ 서경 17° 28’에 위치한 요프는 까브-베르 반도 북쪽 대서양 연안을 중심으로 형성된 마을로, 세네갈 까브-베르의 전형적인 어촌 중의 하나이다.[4] 요프는 세네갈 수도 다카르와는 약 20㎞ 정도로 떨어져 있으며, 현대화된 레잘마디에(Les Almadies), 그랑요프(Grand Yoff), 파르셀 아세니에(Parcelles

4) 1444년 포르투갈 탐험가이며 포르투갈 첫 번째 노예 무역 상인 디니스 디아스(Dinis Dias)는 식물이 풍부하다고 하여 까보-베르데(Capo-Verde: 포르푸갈어로 ‘푸른 곶’)로 명명하였다. 이후 프랑스 식민 지배를 받으면서 까프-베르(Cape-Vert)로 불리어졌다.

Assainies) 지역들이 요프 전통 마을을 둘러싸고 있다. 요프는 총면적이 약 550㎢(세네갈 전체 면적의 0.27%)로 소규모 공동체이며, 2009년 현재 약 6만 명의 주민이 살고 있다.

〈지도 1〉 프레스킬 까브-베르

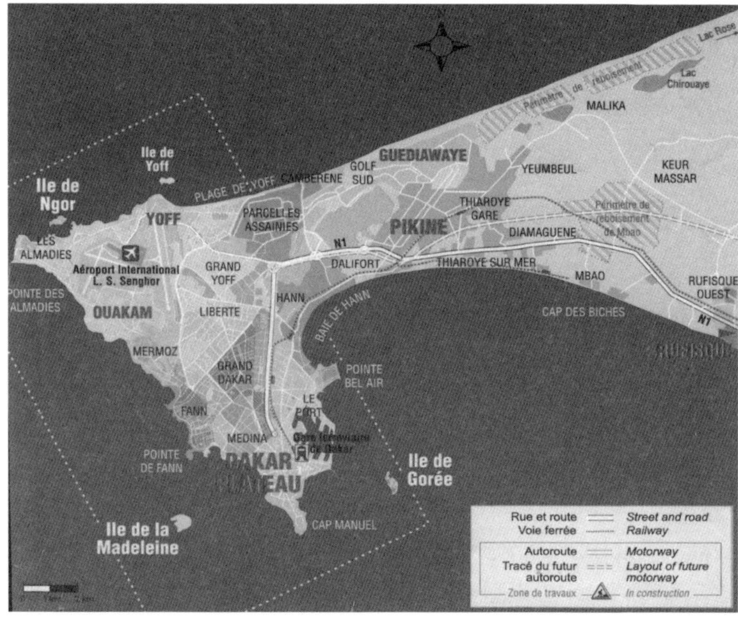

출처: Laure Kane, 2010, p. 1.

요프는 1961년 대대적인 다카르 도시 재정비 과정에서 다카르를 포함한 여섯 개의 구(區)로 재편되었다가, 1996년 96-745

호 법령에 따라서 다카르 도(道)에 완전히 편입되었다. 요프는 길이 2㎞ 정도의 연안을 형성하고 있어 어족 자원이 풍부하다는 장점도 있지만, 여러 가지 생태학적인 위험을 지니고 있다. 가장 큰 위험은 바다에 의한 토양의 침수다. 특히 강한 밀물에 의해 해안 지역의 침수 현상이 종종 나타난다. 따라서 해안에 인접한 요프 마을 사람들은 강한 바닷물이 넘쳐 침수된 지역을 흙으로 돋우는 공사를 수시로 한다. 특히 강한 폭풍이 지나간 이후, 해수에 의한 침수로 해안에 가까운 가옥들이 버려지기도 한다.

요프는 마을 중심을 축으로 남북으로 나누어지는데, 이 두 지역은 다른 자연 환경과 다른 발전 상태를 보여준다. 남쪽, 즉 연안에 가까운 지역은 지대가 낮아서 겨울철에는 홍수가 잦고 말라리아가 창궐한다. 반면 수도 다카르 쪽으로 위치에 있는 북쪽 지역(요프에서는 남쪽에 해당함)은 20~30미터 정도 되는 모래 언덕이 홍수로부터의 피해를 면하게 하면서 해안 도로와 연결된 요프 도로(Route de Yoff)가 지나고 있다. 하지만 이 도로 주변으로는 레부 사람들과 상관없는 상가와 현대식 건물이 들어서 있어, 요프 해안지역 가까이 있는 건물들과는 대조를 이룬다.

최근 건축된 현대식 건물. 이 도로(Route de Yoff)를 경계로 현대식 건물들이 나란히 들어서 있다. 요프 마을에서는 북쪽에 해당한다. 2011년 7월 22일 촬영.

이와 같은 자연 생태계의 변화는 요프의 균형적인 발전을 저해하는 요소로 작용하고 있다. 그뿐만 아니라 중요한 국도가 요프 어귀를 지나고 있어서, 외부 사람들의 잦은 왕래 때문에 마을 생활이 불규칙하게 변하는 요인으로 작용하고 있기도 하다.

요프는 15세기 졸로프 왕국으로부터 이탈하여 현재 까브-베르 반도(프레스킬 반도)에 정착한 레부의 한 집단인 수베디운느(Soubédioune) 집단에 의해서 건설된 마을이다. 요프 지역은 외진 지정학적 위치로 인해 음바오(Mbao), 루피스크, 다카르와 달리 다른 종족들과의 접촉이 비교적 적었다. 요프 마을은 한편으로 은데나트(Ndénatte), 다구단느(Dagoudane), 은가파루(Ngaparou),

은둔가즈(Ndeungage), 통고르(Tonghor), 라옌느(Layéne), 음벵겐느 (Mbenguéne)[5] 등 7개의 전통 마을과 다른 한편으로 서부지역 (Ouest Foire), 북부지역(Nord Foire), 바아기(Biagui), 디아마라예 (Diamalaye), 팔렌느(Palène) 같이 도시 계획으로 세워진 신시가지로 구성되어 있다. 그러나 요프 인구의 53% 이상은 위에서 기술한 7개의 전통 마을에 거주하고 있다. 전통 마을은 각 종족 혹은 가계(家系)의 이름을 그대로 사용하고 있으며, 이 지역에 거주하는 사람들만 전통 레부 사람들로 간주하기도 한다(Dumez 2000: 17).

18세기 요프의 지정학적 위치는 외부 문화의 영향으로부터 레부의 전통을 유지하고 보존할 수 있는 천혜의 요새로 작용하였다. 하지만 현대에 들어서서는 외부 인구 유입과 도시화 탓에 공동체 토지는 점차 축소되고 있다. 그뿐만 아니라 전통 마을의 존폐위기까지 걱정할 정도로 심각하다. 7개의 전통 마을을 제외한 지역들은 이전에 있었던 작은 숲 대신에 현대화된 건물들로 들어차고 있다. 더욱이 다카르 수도의 확장 계획으로 요프 마을에 인접해 있는 세다르 셍고르 국제공항(Léopold Sédar

---

5) 음벵겐느는 1569년 레부인 무사 음벵그(Moussa Mbengue)에 의해서 건설되었다. 107 쪽 <지도 8>참조.

Senghor International Airport)이 남쪽으로 이전할 계획이다.6) 따라서 국제공항의 이전이 완전하게 이루어지면 옛 공항 부지에는 현대화된 도시가 들어설 예정이라는 점에 최근 요프 공동체가 술렁이고 있다. 그뿐만 아니라 21세기 들어 중국인들의 주택 투자가 활성화되고 있어서, 이 지역에 대한 중국의 주택 투자는 물론 이 때문에 새로운 상권이 형성될 가능성이 있다. 따라서 요프 공동체 보존 및 요프 청소년들의 마을 이탈이 현재 중요한 화두가 되고 있다.

전통 생활을 누리고 보존하길 원하는 요프의 일부 레부 사람들은 7개 전통 마을로 들어갈 수밖에 없게 되었다. 하지만, 기존 전통 마을의 인구 조밀로 인한 여러 가지 문제점(상하수도, 위생, 집 증축으로 말미암은 여유가 있는 공간의 축소 및 도로 환경의 악화 등)이 드러나고 있다. 이 때문에 초기 이주 정착과 달리 요프의 레부 사람들은 외부인들의 유입에 대해 못마땅해 하며, 그들을 배척하려는 경향이 점차 커지고 있다. 이러한 상황은 사회적 갈등 요소로 작용할 가능성을 전혀 배제할 수 없

---

6) 다카르에서 40㎞ 떨어진 디아스(Diass)에 건설 중인 블래즈 디아뉴(Blaise Diagne) 신 국제공항은 2007년 공사가 시작되었지만 아직도 완공되지 못했다. 신공항이 건설되면 연평균 이용객이 약 150만 명에 이르는 서아프리카의 국제공항의 허브로 자리 잡을 것으로 예상하고 있다.

게끔 만들었다. 2012년 7월 12일부터 19일까지 요프에 거주하는 50명을 대상으로 실시한 설문 조사에서, 전체 응답자의 78%에 해당하는 39명이 '요프는 레부 사람들의 전통 공간이다.'라고 답하였다. 반면 '그렇지 않다'라고 답한 사람은 10명이었다. 이러한 질문과 관련하여 '어떤 방법으로 자신들의 정체성을 유지해 왔다고 생각하느냐?'라는 질문에 대해, 전체 응답자의 64%에 해당하는 32명이 '전통 문화의 강화'를 들었다. 단 2명만이 외지 사람들과의 동화(assimilation)를 통해서 레부의 정체성을 유지할 수 있다고 답하였다. 이처럼 요프의 레부 사람들(비록 설문 표본이 적지만)은 정체성의 위기 문제가 외부 요인에 있다고 생각하고 있는 것 같다.

2. 자연 생태

세네갈을 사실상 두 지역으로 갈라놓고 있는 감비아를 중심으로, 북부는 대표적인 사막기후인 건조 기후대와 사바나 기후대에 속해 있다. 감비아 남부에 있는 까자망스 지역은 전형적인 열대 우림 지역이면서도 온화한 기후(11월부터 5월까지)로 인해 농산물이 풍부하게 생산되는 곳이다. 세네갈의 기후는 감비아 북부 지역을 중심으로 11월부터 6월까지는 건조 기후대를 형성한다. 하지만 리비아로부터 내려오는 하마탄(Harmattan) 열대 건조 바람 때문에 낮 최고 기온이 35℃ 이상 상승한다. 그러나 필자의 경험상 실질적인 체감 온도는 평균 40℃ 이상이다. 또한, 이 시기는 7월에 시작하여 10월경에 끝나는 우기와 겹친다. 연평균 강수량은 300~500㎜정도이다. 반면 11월부터 다음해 5월까지는 건조기로, 조석으로 20°C 정도의 쌀쌀한 기온 분포를 보여주기도 한다.

세네갈 최북서단에 위치한 요프는 무역풍, 열대 건조 기후(하마탄)가 교차하는 지역으로, 세네갈 내륙과는 다른 기후적 환경을 가지고 있다. 따라서 요프의 해수 환경도 다양하다. 1월과 2월에는 염분이 있는 차가운 바람이 불며, 5~8월에는 더운 열대성 바람이 분다. 또한, 10~11월에는 1~2월과 반대로 염분이 적은 기니성 바람이 분다. 이러한 다양한 기후적 특징은 요프뿐만 아니라 세네갈의 대서양 연안에 다양한 어족 자원을 풍부하게 제공해준다. 특히 요프 해안은 해양학적 현상인 용승(湧昇)[7]이

7) 용승(upwellings)은 온도가 차고 영양염이 많은 심층수가 바람의 작용으로 인해 온도가 높고 영양염이 고갈된 표층수를 제치고 올라오는 현상을 말한다. 이 지역은 심층수의 풍부한 영양으로 좋은 어장이 형성된다.

발생하는 지역으로 중요한 어장으로 주목받고 있다. 그래서 그런지 몰라도 필자가 방문한 요프에서 마을 사람들이 유독 많이 모여 있고, 활기찬 모습을 볼 수 있는 곳은 마을 중심지가 아닌 주로 요프 해안 근처였다.

전반적으로 우기는 매우 무더운 편이지만, 대서양으로부터 불어오는 차가운 바람으로 기온의 급상승을 막아주기 때문에, 다카르나 요프같이 해안에 인접한 지역은 내륙 지방과 비교하면 기온이 비교적 낮은 편에 속한다. 레부 사람들은 바다를 자신들의 생명처럼 여기고 있기 때문에 바다 날씨의 변화에 매우 민감한 편이다. 왜냐하면, 다른 지역에 비해서 요프 해안의 바다는 변덕이 심하기 때문이다.

해변 입구. 요프 마을 중심에서 5분 정도 걸으면 해변에 접근할 수 있다. 2011년 7월 21일 촬영.

요프 해안 풍경. 약 1km 정도 되는 요프의 해변 주변으로 많은 집들이 밀집해 있다. 2011년 7월 21일 촬영.

따라서 레부 사람들은 바다 생물체에 대한 신앙이 깊은 편이다. 예를 들어 레부 사람들은 바다 요정 세이렌(siréne: Σειρήνες)이 있어 레부 사람들을 보호해 준다고 믿고 있다. 그래서 그런지 레부 사람들은 이 세이렌이 고양이, 도마뱀, 거북이 등으로 환생하여 마을을 보호해주고 어획을 풍부하게 해준다고 믿고 있다.[8)]

---

8) 이 부분에 대해서는 요프 민간신앙에서 다시 언급하겠음(제3장 참조).

제2장 레부 사람들의 역사

1. 인구 구성

어떤 사회의 발전 과정을 가장 용이하게 이해할 수 있는 것은 해당 마을의 발전 과정을 살펴보는 것이다. 왜냐하면, 한 마을이 형성되기 위해서는 이주 역사가 중요한 역할을 하고, 그 과정에서 사회가 점차 조직화되기 때문이다. 특히 레부 사람들은 타인에게 지배되는 것에 대해 저항심이 강하였다. 따라서 일부는 프랑스 식민지 시대에도 식민 정부의 지배를 피하여 다른 지역으로 이주하기도 하였다. 이처럼 레부 공동체는 몇 세기 걸친 인구 이동을 통해서 형성되었다는 점에서, 레부 사람들의 인구 구성은 이들 정체성의 확립과 변화 과정을 보다 쉽게 파악하게 해준다고 하겠다.

1) 세네갈 인구 구성과 레부 사람들[9)]

월로프족이 푸타-토로에서 이주하여 세네갈에 졸로프 왕국을 건설하였으나, 오늘날과 같은 세네갈 인구를 구성하기 전 9세기경에 정착한 것으로 알려진 푼디올르(Foundioule)와 소세(Socé) 소수 종족 또한 거주하고 있었다. 하지만 16세기경부터 본격화된 월로프족, 특히 레부 사람들의 이동으로, 푼디올르와 소세족은 감비아로 피신하여 현재는 다카르에서 이들의 종족적 자취를 찾기가 매우 어렵다. 현재 세네갈은 30여 개의 종족으로 구성되어 있다. 하지만 월로프, 세레르(Séréer), 할풀라르(Haal Pulaaren: Peul, Tukuleer), 졸라(Joola), 만딩그(Mandingue) 등 5개 종족이 세네갈 인구의 약 90%를 차지하고 있다.

그러나 본 글에서는 레부 사람들의 주요 공동체인 요프에 대한 논의에 초점을 맞추기 위해서, 레부 사람들에 대한 언급은 별도로 상세히 후술할 것이다.

세네갈 전체 인구의 43%를 차지하는 월로프족은 완전한 과반수는 아님에도 세네갈 국민의 약 95%가 종족에 상관없이 월

---

9) 세네갈의 인구 구성에 대해서는 M. Diof(1994: 17-41), D. B. Yahmed (2007: 72-73)를 참조하였음.

로프어를 사용하고 있다. 월로프어를 모어로 사용하는 월로프족은 루가(Louga), 디우르벨(Diourbel), 신느 살롬(Sine Saloum), 티에스(Thiès), 까프-베르 지역에 주로 분포되어 있지만, 월로프족의 주요 근거지는 디올로프(Dyolof)이다. 이들은 18세기 월로프 혹은 우올로프(Ouolof)왕국을 건설하였으며, 세네갈 강과 까프-베르 중간 지역인 우알로(Oualo), 까요르(Cayor), 바올(Baol), 디올로프에 정착했다. 월로프족은 유럽 식민지인과 함께 일찍이 땅콩 생산에 참여하여 세네갈에 땅콩 경작을 보급한 일등 공신들이다. 그리고 식민 자본주의가 확장되는 1850년 이후 주요 노동자의 역할을 하기도 하였다. 그럴 뿐만 아니라 유럽 상인과 내륙 원주민들 간의 교역 중개 역할을 도맡아 하기도 하였다.

레부 사람들은 행정상으로 월로프족의 하위 종족 집단으로 분류되어 있다. 다카르 원주민과 다름없는 레부 사람들은 세네갈 전체 인구의 약 1%밖에 되지 않는다. 2009년 현재 요프 인구는 6만 명이지만, 이는 월로프족을 포함한 숫자이며, 이들이 요프 전체 인구의 70%를 차지하고 있다. 나머지 30%는 다른 지역에서 이주한 세레르, 투쿨레르, 디올라 종족들이다.

〈지도 2〉 세네갈 종족 구성

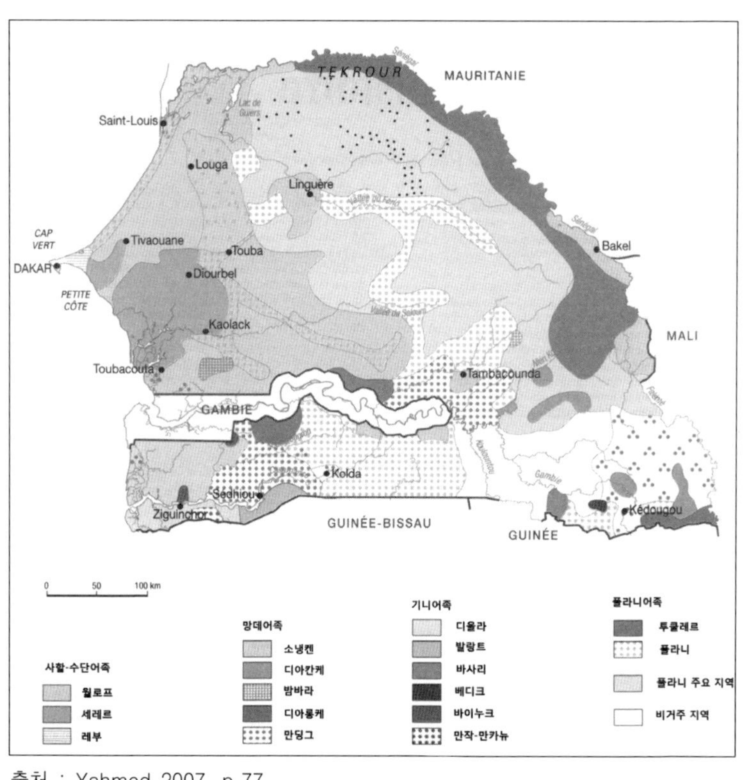

출처 : Yahmed 2007, p.77.

풀라니족(정확히는 할풀라니라고 함)은 세네갈 전체 인구의 약 24%를 차지하고 있으며, 15%가 푸타의 페르로(Ferlo) 지역에 거주하고 있다. 하지만 풀라니족들은 이동 목축 활동의 특징과 세네갈 강 유역의 경제 퇴보로 인한 이주로, 세네갈 모든 지역에 산발적으로 분포되어 있다. 풀라니족은 신체적으로 세네갈의 다른 종족들보다 활동적이라서 세네갈 사회에서 다방면으로 영향을 미치고 있다.

투쿨레르족은 푸타와 분두(Boundou) 지역에 분포되어 있으며 풀라니족과 세레르족 간의 섞인 종족으로 알려졌다. 그들은 19세기 니오로(Nioro)와 리프(Rip) 지역에 이주하여 정착하기 시작하였으며, 세네갈에서는 월로프족과 함께 주요한 노동자 계층을 형성하고 있다. 세레르(Séréer)족은 신느(Sine) 지역에 주로 분포해 있다. 이들은 세네갈에서 세 번째로 많은 인구(15%)를 가지고 있으며, 지금의 레부 문화 형성에 영향을 미친 대표적인 집단이다.

한편 투쿨레르족은 은두(Nduttt), 눈(Noon), 사펜(Safen), 파로르(Palor), 레아르(Lehar), 신느 신느(Sine Sine), 니요멩카(Nyominka) 등 소수 종족으로 구성되어 있다.

〈표 1〉 2007년 현재 세네갈 종족 수

세네갈 종족명	인구(만명)	비율(%)
월로프(Wolofs)	487.7	43
풀라니-투쿨레르 (Peul-Toucouleurs)	272.2	24
세레르(Séréres)	170.1	15
디올라(Diolas)	56.7	5
만딩그(Mandingues)	45.3	4
바이눅크, 발란트 (Bainouks, Balants)	34	3
무어(Maures)	5.6	0.5
소니케(Soniké)	5.6	0.5
기타	5.6	0.5

출처 : Yahmed 2007, p. 72

대서양어족에 속하지 않는 만딩그족은 말링케(Malinke), 자산케(Jaxanke), 밤바라(Bambara)와 같은 혈통은 아니지만 동일한 언어를 사용하고 있다. 이들은 세네갈 서남지역에 주로 분포해 있다. 이외에도 동부에는 바자랑케(Bajaranke), 바자리(Basari), 베딕(Bédik), 코니아제(Koniage) 종족들이 있는데, 이들은 푼디올레와 소세족과 함께 세네갈의 최초 원주민들로 알려졌다.

2) 다카르 원주민, 레부 사람들

레부 사람들은 어디서 유래하였는가? 그들은 과연 단일 종족인가? 레부 사람들의 기원에 대해서는 두 가지 학설이 있다. 첫째는 디오프(Cheikh Anta Diop)와 고스틴스키(T. Gostynski)가 구전 및 기록된 자료를 바탕으로 주장하는 학설이다. 그들의 주장에 따르면 레부 사람들은 기원전 6~7세기 경 다른 종족의 지배를 피하여 나일 계곡에서 수단 그리고 지금의 세네갈 강을 거쳐 현재 세네갈에 정착하였다(Gostinfky 1976: 126). 하지만 이러한 주장은 아직 일반화되기보다는 디오프처럼 아프리카 역사의 원천을 이집트에서 찾으려는 학자들에 의해서 주로 강조된 것이다. 그러나 요프의 레부 사람들의 뿌리가 이집트에 있다고 생각하는 사람들도 상당수 있다.

둘째는 레부 사람들이 세네갈 북쪽에 있는, 즉 지금의 푸타-토로 지역의 일부인 세네갈 강을 지나 남하하면서, 지금의 세네갈로 이동한 것으로 주장하는 학설이다. 세네갈 강 서쪽 지역에 있는 푸타-토로 혹은 세네갈 푸타(Fouta Sénégalais)는 주변 지역의 열악한 환경에 비해서, 밀을 비롯하여 다른 식량 자원의 생산이 용이한 지역이다.

〈지도 3〉 이집트에서의 레부인들의 이동 경로

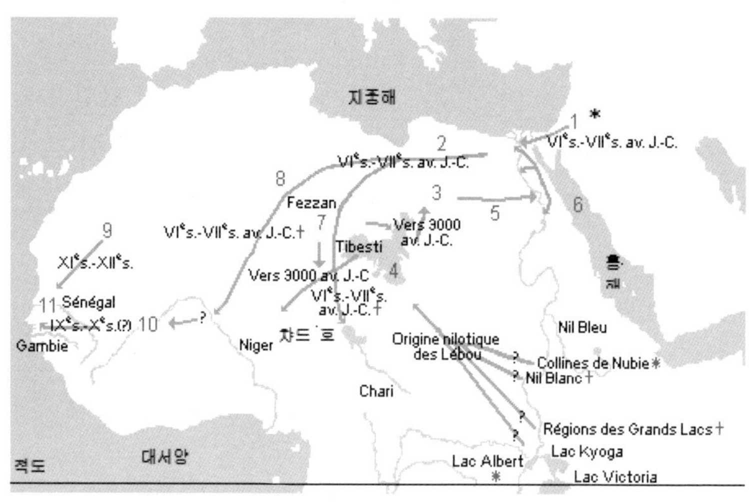

출처 : Dumez 2000, p. 14. 독자의 이해를 위해 아래와 같이 보기를 작성하였음.
* VIᵉ s. : 6세기, av. J.-C : 기원전, Vers 3000 : 3000년 경.

이처럼 이곳은 풀라니, 투쿨레르, 만딩그, 월로프, 세레르 등 다양한 종족들이 정착할 정도로 서아프리카의 인종이 모여들어 혼종이 일어난 중심 지역이었다. 레부 사람들은 이곳에서 15세기 초반까지 거주하고 있었다. 그러나 무어족의 끊임없는 위협과 수단 지역에서 내려온 것으로 알려진 풀라니족의 대이동으로 까브-베르에 본격적으로 정착한 것은 15~16세기경이다.

이러한 이동과 정착을 두고 레부 사람들에 대한 어원적 의미는 크게 두 가지로 해석되고 있다. 하나는 자신들에게 닥친 환경을 극복하지 못하고 피해 다니는 '무기력한 사람'이란 뜻이 있다. 다른 하나는 프랑스 인류학자 발랑디에(Balandier & Mercier 1952)의 주장을 따르면 레부는 '도전,' '전쟁'을 뜻하는 것으로, 타종족에 의한 어떤 정치적, 문화적 지배도 허락하지 않는다는 것을 의미한다. 그의 주장을 따르면 '레부' 단어는 '호전적인 전사'를 뜻하는 '루부'(lubu)에서 기원한 것으로 알려졌다(Dumez 2000: 13).

세네갈 원주민은 레부 사람들보다 앞서 푸타-토로에서 800~850년경 이주하여 정착한 푼디올레와 소세족으로 알려졌다. 이후 뒤늦게 푸타-토로에서 내려온 소수 레부 집단들이 소세 지역과 떨어진 지역에 정착하기 시작하였다. 그리고 1430년경부터 본격적으로 시작된 이동으로 소세족 지역까지 진출하게 되었다. 레부 사람들이 정착하기 이전의 까브-베르에는 탐바(Malang Tamba), 디아웨(Dialla Diaw), 마론느(Guitigui Marone), 디옴벨(Nak Diombelle) 등이 통치하는 소세 왕국이 있었다. 그러나 이들은 레부 사람들과의 전쟁에서 패한 이후 감비아 지역으로 피신하였기 때문에 현재 세네갈에서는 소세인의 후손들을 찾기가 거의 불가능하다고 하다고 한다(Dumez 2000: 16).

〈지도 4〉 세네갈 왕국

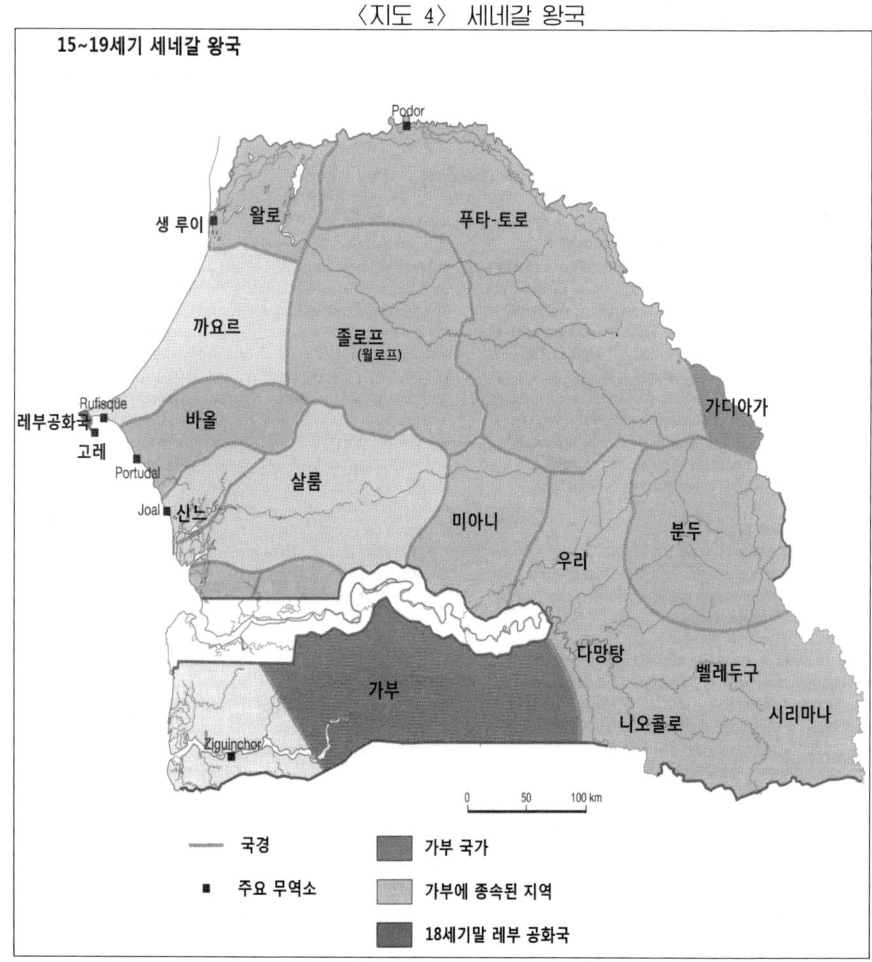

출처 : Yahmed 2007, p.77.

여하튼 자신들의 정체성에 대한 집착이 강하여, 타 종족에 대해 적대적인 성향이 있는 레부 사람들은 까브-베르로 이동하기 전에, 졸로프 왕 쿰바(Biram Dieme Coumba)에 대항하여 반란을 일으켰지만 실패하였다. 레부 사람들과 당시 반란을 주도했던 졸로프 부왕(副王)인 삼베(Boumi Dielene Sambe) 그리고 이 부왕을 추종하는 대부분 레부 사람들은 사노코르(Sagnokhor) 지역으로 피신하여 거주하였다. 레부 사람들을 이끈 삼배 부왕은 쿰바왕의 보복에 대비하기 위해 졸로프 왕국의 속국(屬國)인 까요르의[10] 라만느(Lamanes) 왕의 보호를 요청하였다. 이에 라만느는 세레르족과의 접경 지역에 있는 디앙데르(Diander)를 레부 사람들의 정착지로 제공하였다. 1569년경 디앙데르는 레부 사람들의 주요 거주지가 되었으며, 레부 사람들은 풀라니족의 이동과 억압을 피해 이곳으로 점차 이주하기 시작하였다. 하지만 이슬람에 호의적이지 않을 뿐만 아니라 졸로프 왕국으로부터 독립한 이후 강성해진 까요르 왕국의 통치자 쿰바(Damel Amari Ndella Coumba: 1790~1890)[11]는 까브-베르 지역에 대한

---

10) 졸로프 왕국의 속국인 까요르는 졸로프 왕국의 높은 세금에 반발하여 1549년 독립한다. 이후 까요르 왕국은 졸로프 왕국이 쇠퇴하면서 세네갈에서 가장 강하고 부유한 왕국으로 발전한다.

통치권을 주장하기 시작하였다. 그뿐만 아니라 레부 사람들에게 까요르 왕국에 정기적으로 세금을 납부할 것을 강요하면서 이들 사이에 갈등이 확산되었다. 이전에 까브-베르의 레부 사람들 대부분은 1697년 피킨느(Pikine)와 바르니(Bargny)의 전투에 참여하여 다멜에 대항한 적이 있기 때문에, 쿰바의 요구는 레부 사람들에게 굴복과 같은 것이었다.

레부 사람들과 카요르 왕국 간의 갈등은 정치적인 것 외에 종교적인 문제도 내재해 있었다. 까요르의 마라부 신도들(marabouts)이 졸로프 왕국의 쿰바에 반기를 들었지만 패하고, 까브-베르 지역으로 피신하였다. 이를 빌미로 까요르왕은 이슬람을 신봉하는 레부 사람들을 마라부 신도들과[12] 동일시하고 더욱 압박하였다. 이에 레부 사람들은 방어망을 구축하며 다멜에 대항하면서 두 집단 간의 분쟁이 장기화되었다.

---

11) 다멜(Damel)은 월로프어(語)로 '깨다'라는 의미를 가지고 있다. 이는 졸로프 왕국으로부터 독립을 의미하는 것으로, 이후 까요르 왕국의 통치자는 다멜이라 칭한다.

12) 당시에 레부 사람들을 까브-베르로 이주를 인솔한 것은 마라부 신도인 디알 디오프(Dial Diop)였으며, 까요르로부터 완전 독립하면서 최초의 레부 공화국의 지도자인 세리뉴 은다카루가 된다. 15세기 후반 경 까브-베르로 이주하는 레부 사람들은 자신들의 민간신앙과 함께 이슬람을 신봉하였다. 하지만 모두가 마라부 신도들은 아니었다.

몇 세기에 걸친 레부 사람들의 강한 저항과 까요 왕국의 쇠퇴로 쿰바의 뒤를 이은 까요르왕 비라마 파트마 티우브(Birama Fatma Thioub: 1809~1932)는 레부 사람들의 분리를 인정함으로써, 레부 사람들의 고유한 공동체인 '레부 공화국'을 19세기에 건설할 수 있었다. 레부 공동체의 최초 지도자는 마라부 신봉자 마삼바 디오프(Massamba Diop)의 아들 디알 디오프였다. 그는 코키(Koki)에서 이주하여 독립 운동을 이끌었다. 이후 레부 사람들은 마라부 종파를 본격적으로 수용하기 시작하였고 이러한 종교를 바탕으로 그들만의 독특한 정치체제를 구축하였다.[13] 특히 디알 디오프는 레부 공동체를 외부의 적으로부터 보호하기 위하여, 타타(tata)라 하는 돌담을 까브-베르 입구에 설치하여 레부 공화국의 독립성을 지키려 노력하기도 하였다.

2. 요프의 레부 사람들

월로프족이 내륙으로 이동한 것에 비해, 특히 레부 사람들은

13) 이 부분에 대해서는 4장에서 상세히 기술할 것이다.

대부분이 해안을 따라 혹은 해안지역 방향으로 점차 남쪽으로 이동하기도 하였다(Mercier & Balandier 1952: 1). 레부 사람들은 15~16세기에 세 집단으로 나누어 까브-베르로 이동하여, 자신들의 고유 마을을 건설하고 정착하게 된다. 1500년 중반 무렵 디앙데르를 떠난 레부 사람들이 첫 번째로 정착한 곳은 베룸티아람므(Beroum Tialame)이다. 이곳에서 레부 사람들은 세 집단으로 분산되어 지금의 지역에 본격적으로 정착하게 된다.

첫 번째 집단(A)은 세레르의 접경 지역인 탕마(Tanma) 호수가 있는 음비덤(Mbideum)에 정착한다. 두 번째 집단(B)은 현재 쾌르 마싸르(Keur Massar)(요프)와 윔블(Yeumbeul)(Hann) 사이에 있는 티롬므(Thiroume)에 정착하게 된다. 그들은 음보헤흐(Mbokhekh) 지역에 까브-베르의 첫 번째 레부 정착지를 형성한다. 하지만 이 집단들은 다시 네 개의 작은 집단으로 나누어져 더 남쪽으로 이동한다. 한 집단(a)은 까브-베르 남동쪽으로 이동하여 음바오(Mbao)와 음바오 귀에지(Mbao Guedji)에 도착하여 세네갈에서 가장 큰 레부 공동체를 형성한다. 이 공동체를 이끄는 사람들은 오늘날 은둠베코두(Ndoumbécodou)라는 혈통들이다.

〈지도 5〉 15~16세기 레부인들의 이동 경로

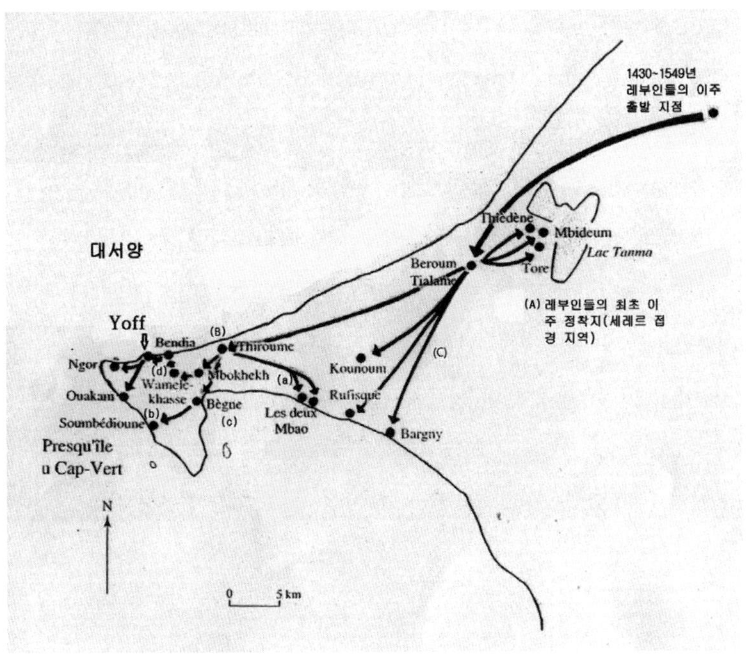

출처: Dumerz 2000, p. 13. 요프에 초점을 맞추기 위해서 필자에 의해서 지도 일부분이 재작성되었음.

그리고 또 다른 집단(B)은 둘로 나뉘어 한 집단은 베뉴(Bégne)(c)에 정착한다. 티롬므에서 분리된 집단(c)은 지금의 수도인 다카르에 12개의 마을을 건설하고 정착하게 된다. 이들은 주로 은도이(Ndoy) 윰벵가, 귀에예, 디아느(Diagne) 혈통들이었다(Mercier & Balandier 1952: 14). 하지만 다카르의 도시화와 집단 이주로 인해 이곳에 정착한 베뉴의 전통적인 레부 거주지는 거의 찾아볼 수 없다. 단지 셸(Shell)과 벨레르(Bel Air)에 있는 기독교 공동묘지 사이에 있는 지역에서 이들의 전통 거주지와 문화를 겨우 찾아볼 수 있을 정도이다. 베뉴와 숨베디운느 지역은 식민지의 도시화 계획으로 합병되어, 오늘날 세네갈 수도인 다카르의 전신(前身)인 은다카루(Ndakaaru) 마을이 된다.

티롬므에서 분리된 또 다른 집단은 숨베디운느 지역(b)에 정착하게 된다. 또 다른 집단(C)는 다카르에서 남쪽으로 약 25~30 ㎞ 떨어진 쿠논느(Kounounne), 루피스크와 바르니(Bargny)에 정착한다. 현재 이 지역-특히 루피스크-은 다카르 수도의 관문으로서 이미 레부 전통 마을의 역할을 잃은 지 오래되었다. 오히려 이곳 레부 사람들은 유럽풍 생활양식에 꽤 일찍 익숙해져 있었다. 이처럼 레부 사람들은 여러 경로를 통해서 까브-베르 지역에 정착하지만, 각 마을은 고유한 문화를 유지하고 있어 일부 학자들은 이들 각 공동체를 하나의 민족으로 지칭하기도 한다.

요프의 레부 사람들의 일부가 벵디아(Bendia)(d)를 거쳐 요프에 정착한 시기는 15세기경이다. 이들 중의 일부는 다시 은고르와 우아캄(Ouakam) 지역에 정착한다. 초기 레부 사람들이 정착하고 세운 마을 중에서 자신들의 전통을 꾸준히 지키며 남아있는 마을은 요프, 은고르, 우아캄 마을뿐이다. 하지만 은고르 지역은 신시가지 조성으로 각종 현대식 건물들이 들어서면서 옛 레부 사람들의 전통 거주지가 점차 사라져가고 있다. 은고르의 레부 사람들은 이곳을 방문하는 여행객을 상대로 하는 상업으로 생활을 영위하고 있는 실정이다.

요프라는 단어는 월로프어로 '바다로 모이세!'라는 뜻의 까예렌느 은그누 예브 피 게즈(Kaye lene ngnou yew fi guedj)에서 예브 피(yew fi)가 유피(youffi)로 변하여 유래한 것으로 전해진다. 다른 구전에서 레부 사람들은 소세족이 야자술 담그는 데 필요한 열매를 채취하는 것을 감시했다고 한다. 이때 소세족이 자신들을 감시하는 레부 사람들을 요트 카트 이(yot kat yi)라고 부른 데서 오늘날 요프라는 마을 이름이 탄생했다고 전해진다.

요프는 레부 사람들이 이주하여 세운 전통 마을 중에 가장 오래된 몇몇 마을 중의 하나에 속한다고 하겠다. 이처럼 형성된 요프 마을에는 앞서 서술한 은두가즈, 다고다느, 은네나트, 통고르, 음벵겐느, 은가파루, 라예느 등 7개의 하위 마을들이 있다. 일부 마을의 명칭은 설립자의 이름에서 유래하기도 했다.

〈표 2〉 요프 전통 마을과 설립자

마을이름	설립년도	설립자
음벵겐느	1569	Moussa M'bengue
은네나트	1605	Latry Diene
은둔가즈	1609	Malick samb
통고르	1613	Gaal Diagne
은가파루	1621	Daour Mbengue
다고다느	1702	Saarot Seck
라예느	1883	Seydina Limamou Laye

출처 : Cissé 2005, p. 26.

이 하위 마을들 중에 최초로 요프 지역에 레부 사람들이 정착하여 세운 마을이 현재 음벵겐느며, 이 마을의 이름은 음벵그(M'bengue) 가계의 이름에서 유래한 것이다. 이브라히마 음벵그(Ibrahima Mbengue)라는 이름을 가진 현지보조원과 함께 전통 마을인 음벵겐느에 들어가서 조사했을 때, 대단한 환영은 아니었지만, 설문 조사와 인터뷰가 다른 지역에서보다 훨씬 순조롭게 진행되었다.

요프에 거주하는 50명의 레부 사람들을 대상으로 시행한 설문 조사에서 '요프를 고향이라고 생각'하는 사람이 94%를 차지했다. 2명이 '요프는 레부 사람들의 고향이 아니다'라고 답을

했는데, 이 중의 한 명은 간단한 신상 조사에도 응하지 않았다(나중에 설문 조사지를 정리하면서 발견함). 다른 한 명은 1950년에 출생한 어부였다. 또한 '요프가 레부 사람들을 위한 전통적인 공간인가?'라는 질문에서, 설문 대상의 78%가 '그렇다'고 응답하였다. 이러한 점에서 요프는 레부 사람들의 과거와 전통이 남아 있는 중요한 공간이라고 생각해 볼 수 있었다.

3. 레부 사람들, 단일 종족인가?

무어 전설에 의해 레부 사람들의 순수한 존재가 전해 내려오고 있다. 하지만 현재까지의 연구 결과에 의하면 레부 사람들은 월로프족과 세레르족이 오랜 기간을 걸쳐 혼종된 것으로 추정하고 있다(Argrand 1946: 42). 베르노(Dr. Verneau) 같은 일부 인류학자들은 만딩그족과의 피부색 비교를 통해서, 혹은 신장 비교를 통해서 월로프족과의 연관성을 찾았다. 하지만 월로프족과 만딩그족 사이에서 종족 교차가 있었다고 추정될 뿐 명확한 증거는 없다. 다만 레부 사람들은 푸타-토로 지역을 벗어나기 전에는 만딩그족의 영향을 받았을 것이고, 북쪽으로부터의 풀라니족의 이동 때문에 졸로프 왕국에 정착했을 때는 월로프족의 영향을 받았을 것이다. 또한, 졸로프 왕국으로부터 탈출하여 디앙데르에 정착하였을 때는 세레르족의 영향을 받았을 것으로 추정한다. 즉 레부 사람들이 졸로프 왕국으로부터 이탈할 때, 까요르 왕국으로부터 디앙데르 지역에 정착할 수 있게 허락을 받았다. 그런데, 그 지역은 지정학적으로 세레르족 지역과 인접하여 있기 때문에 레부 사람들은 세레르의 관습과 풍습을 빌리거나 자신들의 것과 혼합시키면서 사회 · 정치 구조를 강화시켜 나간 것으로 전해진다(Angrand 1946: 18). 더욱이 이슬람화된 레부 사람들의 가족 구조는 세레르족의 가족 구조와 같은 모계 구조로 되어 있다는 것이다.

그뿐만 아니라 우알로, 카요르, 바올로에서 이탈한 주민이 그들의 영토로 몰려들면서, 레부 사회는 점차 다양한 종족과 가족들로 구성된 집단들로 형성되기 시작하였다. 이처럼 여러 혈통으로 구성된 집단들은 다른 혈통과 혼종하지 않는다 하더라도, 문화와 관습을 서로 모방하는 기회가 많아졌다. 이 때문에 레부 사람들의 이주 공동체 사회 조직은 다양한 혈통 집단들을 통합하고 통제할 수 있도록 재조직될 수밖에 없었다. 이러한 점에서 일부 학자들은 레부 사람들을 여러 곳에서 흘러들어온 다양한 종족들과 함께 정치 공동체를 이룬 민족(peuple)으로 정의하기도 한다(Thiam 1970: 9). 그러나 풀라니족의 이동 때문에 초기 레부 사람들의 이주 시작이 어딘지에 따라서, 레부 사람들의 근본이 만딩그족인지 혹은 월로프족 또는 세레르족인지에 대한 결과도 달라진다. 왜냐하면, 푸타-토로에서 이주할 때 모든 레부 사람들이 같은 장소를 정해서 동일한 시기에 이동한 것이 아니기 때문이다. 풀라니족의 이동으로 삶의 터전을 잃어버린 일부는 다른 장소에서 다시 재집결하였다. 그리고 다른 일부는 흩어져 남쪽으로 이동하면서 다른 종족들과 혼종 되었을 경우도 있다는 것이다(Mercier & Balandier 1952: 12). 더욱 분명한 것은 유럽인들의 아프리카 침입과 무관하게 15세기 이전에 레부 '민족'이 형성되었다는 것이다.

그러나 레부, 특히 레부 어촌 문화는 월로프와 세레르 경작 문화와는 대조를 이룬다. 또한, 종교적인 측면에서 레부 사람들은 이슬람과 전통종교를 동시에 수용하고 있지만 다른 종족의 문화를 침해 혹은 방해하지 않으면서 자신들의 문화적 단일성과 정체성을 유지하려는 특징을 가지고 있다. 따라서 레부 사람들의 강한 독립심이 19세기 후반 왕국이 아닌 독립 공화국의 건설 형태로 나타난 것도 레부 사람들의 이주 문화와 전혀 무관하지 않다.

제3장 레부 사람들의 종교문화

세네갈의 종교는 크게 3가지로 나누어진다. 이슬람이 94%, 기독교가 5%, 토착종교가 1%로, 이슬람이 절대다수를 차지하고 있다. 세네갈은 정교분리의 원칙을 헌법에서 보장하고 있다. 하지만, 이슬람은 레부 사람뿐만 아니라 세네갈 전 국민의 일상 종교와 다름없이 간주되고 있다.

1. 전통 종교

레부 사람들은 수 세기를 거쳐 이동하면서 다른 종족집단과의 투쟁 속에서 자신들의 생존과 보호를 조상에 많이 의지했다.

그렇기 때문에 다른 종족들에 비해 조상에 대한 믿음이 강한 편이다. 조상은 자연, 물, 땅, 자연의 힘을 주재하는 신으로 간주된다. 레부 사람들은 투르(tuurs)라고 불리는 조상신들이 뱀이나 도마뱀으로 환상한다고 믿고 있다(Sylla 1969: 215). 또한, 레부 사람들의 일상이 어업이라는 점에서 바다에 대한 토템 신앙이 다양하게 존재한다. 레부 사람들은 바다를 두려움의 대상이 아니라 자신들의 마을처럼 여긴다. 바다에는 많은 기적이 있다고 믿는데, 예를 들어 요프 바다에 사는 세이렌은 요프 사람들과 항상 같이 한다고 믿는다. 또한, 바다에는 디에뉴게겔베(diegnouguewe), 그리오(griot)라고 불리는 물고기가 있다. 이 물고기는 음벵그(Mbengue) 혈통 및 은도예(Ndoye) 가족과 연관이 있다고 여긴다. 이외에도 일부 동물들(예를 들어 고양이, 회색 도마뱀 등)은 조상 혹은 자신들이 믿는 미신과 연관되어 있다고 생각하기 때문에 소중히 여기고 절대 죽이지 않는다.

하지만 요프의 레부 사람들이 이슬람이 전파되기 이전에 보편적으로 신봉한 것은 랍(Rab)이라는 민간 신앙이다.[14] 랍은 월로프어로 '동물'이라는 뜻이 있어서, 땅과 연관된 가정의 수호

14) 랍은 우올로프(ouolof 혹은 월로프)족들의 민간 신앙이지만 반투어족의 민간 신앙에서도 자주 보이고 있다.

신으로 알려졌다. 레부 사람들은 랍을 '투르'라고 명명한다 (Zempleni 1968: 295-439).[15] 일반적으로 아프리카 사람들은 신은 하늘에 존재하는 것이 아니라 숲이나 대지 같은 자연 속에 있다고 믿는다. 이 수호신들은 레부 사람들이 사는 모든 장소와 레부 사람들이 가지고 있는 모든 물건에 붙어 있다. 레부 사람들은 랍 수호신들이 집이 비어 있을 때, 그리고 모두가 잠든 밤에만 나타난다고 믿고 있다. 그 장소를 '삼브'(Xamb)라고 부른다. 따라서 레부 사람들은 여행, 사냥, 혼례, 출산 전후에 삼브를 방문하여 신의 가호를 빈다. 하지만 랍은 모든 마을에 똑같이 존재하지는 않고, 각 마을 혹은 구역에는 그 마을 혹은 그 구역만을 보호하는 자신들만의 랍이 따로 존재한다. 그러므로 자신의 마을에서 신봉하지 않는 다른 지역의 랍은 전혀 효험이 없다. 예를 들어, 다카르를 관장하는 랍은 요프에 거주하는 레부 사람들에게는 영향을 미치지 못한다(Sylla 1969: 216). 즉, 요프에 거주하는 레부 사람은 다카르에서의 늦은 시간에는 요프 랍뿐만 아니라 다카르 랍으로부터 아무런 보호를 받지 못한다.

15) 일부 종교학자 및 인류학자들은 rab을 tuur와 다르게 설명한다. 이 부분에 대해서는 Zempleni(1968: 295-439)를 참조.

신이 살고 있다는 나무. 하지만 하수관, 빨래 등이 어지럽게 놓여 있어 신성함을 느끼지 못함. 2011년 7월 19일 촬영.

신성한 물이 솟아나는 웅덩이. 이 물을 이용해 제단에 바칠 가축들을 깨끗이 씻는다. 2011년 7월 19일 촬영

또한, 레부 사람들은 자신들이 믿는 랍은 항상 나무에 있다고 믿는다. 즉, 레부 사람들은 사람들에게 보이지 않는 신이 숲이나 신성한 나무에 있다는 것이다. 그래서 부득이 나무를 베어야 할 때, 종교적 의례를 반드시 행한다. 투르 제례 기간은 아니지만 요프 마을을 방문하면서 요프 사람들이 믿는 랍이 있다는 나무를 직접 가까이서 볼 수 있었다. 허름해 보였지만 사람들이 함부로 들어가지 못하도록 제법 단단하게 울타리를 쳐 놓았다. 그런데 이런 신성한 곳에 누군가 이불을 널어놓은 것을 보고 기이하게 생각을 했다.

제보자의 귀띔으로 나무 밑에 신성한 물이 있다는 것을 알게 되었다. 사진 촬영을 위해 울타리 너머로 몸을 구부렸지만 제지하는 사람은 아무도 없었다. 당시 몇몇 사람들이 필자를 보면서 지나갔다. 하지만, 필자에게 뭐라고 하는 사람도 전혀 없었다. 아마도 이 나무는 제례 기간에만 신성하게 모셔지는 것 같았다. 기독교인인 필자로서는 낮인데도 불구하고 왠지 으스스해지는 순간을 잠시 느끼기도 했다. 이런 것이 사물을 관찰하고 접근하는 인류학자들과 정치학을 전공한 필자 사이의 많은 차이라는 것을 새삼 느끼면서 다른 곳으로 이동하였다.

가축 피 저장소. 허름하게 보이는 사각모양의 차갑게 느껴지는 시설물은 투르 제례에서 희생된 가축의 피를 저장하는 곳이다. 2011년 7월 19일 촬영.

가축의 희생으로 받은 피를 저장하는 제단 같은 곳은 신성한 나무가 있는 곳에서 멀리 떨어지지 않았다. 이 제단은 사람들이 평상시 다니는 길 한가운데 아무런 표시나 울타리도 없이 방치되어 있었다. 또한 제단 주위에는 쓰레기들이 여기저기 나뒹굴고 있어, 이것이 정말 레부 사람들이 중시하는 민간 신앙인지 의심스럽기도 하였다.

요프의 레부 사람들이 섬기는 랍 민간 신앙은 레부 사람들의 이주 정착 과정에서 나타난 것 같다. 레부 사람들은 이동하여 정착하기 전에, 자신들이 정착하고자 하는 곳에 미리 도착하여 그곳에 둥글게 만든 빵을 갖다 놓았다고 한다. 그리고 다음날 빵이 그대로 있으면 사람이 살 수 없는 곳으로 간주했다. 반대로 빵이 없어졌으면 사람이 살 수 있는 곳으로 여겼다. 빵이 없어졌다는 것은 자신들의 조상 신 랍이 먹었다고 믿었기 때문에 안전하다는 의미가 있다. 레부 조상은 주술로 랍과 소통하였고 이를 통해서 랍과 협약을 맺었다고 전해진다. 따라서 레부인은 다른 곳으로 이동하여 정착하는 것 자체는 사람의 의지가 아니라 신이 허락했기 때문에 가능했다고 믿는다. 요프에는 랍과 관련된 두 개의 투르 신, 즉 맘므 은디아레(Mame Ndiare)와 맘므 우레 몰(Mame Wore Moll)이 존재한다. 이들은 레부 사람들이 까브-베르로 이주하면서 디앙부르에 대항하여 전투를 벌였을 때 자신들을 보호해주었다고 믿는 신들이다.

2. 투르(Tuur) 제례

레부는 다양한 종족들의 혼합 공동체이기 때문에 이곳에서는 다양한 신화가 바탕이 되는 민간 신앙이 존재한다. 그럼에도 레부 사람들은 그들만의 특색이 있는 투르 제례를 가지고 있는데, 이것은 2월과 3월 사이에 1년에 한 번, 여드레 동안 거행된다. 제례는 레부의 두 혈통에서 담당하며, 이 혈통에서 제일 연장자인 여성이 주관한다. 여드레 동안 시행되는 제례는 맘므 은디아레가 살고 있다고 하는 디외브(Dieuw)를 시작으로, 디외푸뉴(Dieufougne), 케수프(Keusoupe), 케트그(Kheutgue), 수쎄그(Soussegue)라는 다섯 단계를 거쳐 시행되며 요프 해안을 따라서 시행된다.

〈지도 6〉 투르 제례의 행로

출처 : Dumez 2000, p.37.

필자는 불행하게도 이 제례 기간에 현지 조사할 기회가 없어서 제례를 직접 볼 수는 없었다. 하지만 연구 제보자의 상세한 설명을 통해서 투르 제례가 요프의 레부 사람들에게 매우 중요하다는 것을 어느 정도 인지할 수 있었다. 이 제례의 주요 목적은 풍어(豊漁)와 어획 과정에서의 무사고를 기원하는 것이다. 제례에서는 소, 염소, 닭 등의 피를 뿌리고, 응고시킨 우유, 콜라 열매 등을 봉헌한다. 요프의 레부 사람들은 여드레 동안의 긴 제례를 통해서 자신들의 정체성을 재확인한다고 한다. 왜냐하면, 그들이 모시는 두개의 신, 즉 맘므 은디아레와 맘므 우레몰은 디앙데르로부터의 승리를 통해 독립적인 레부 공동체를 건설할 때, 레부 사람들을 보호해 주었다고 여겨지기 때문이다. 따라서 투르 제례는 요프에 사는 레부 사람들이면 모두 참석하기 때문에 1년에 한 번 밖에 없는 큰잔치와도 같다고 한다.

3. 레부의 이슬람

세네갈에서 이슬람의 전파는 북아프리카처럼 빠른 속도로 전파되거나 급진적인 모습을 보이지는 않았다. 초기 까브-베르에 정착한 레부 사람들 대부분은 이교도들이거나 민간 신앙을 신봉하고 있었다. 따라서 그들은 물과 다양한 자연 근원으로부터 유래한 신비주의적인 특징을 가진 종교를 믿고 있었다. 이슬람이 세네갈에 들어오기 시작한 것은 15세기경이다. 하지만 까브-베르 지역은 북부에서 남부로의 이동이 많았던 17세기 후반에 가서야 이슬람화가 본격화된다. 레부 사회에서의 이슬람 전파는 주로 무어 상인들, 이주민, 마라부 신도들에 의해서 이루어졌다.

이 시기에 무슬림들, 특히 마라부 신도들은 이슬람을 전파하기 위해서 다카르 근교에 정착하였다. 이 중의 일부 신도들은 레부 사람들에게 자신들의 종교를 강요하기 위해, 다카르에 거주하는 레부 사람들의 소유인 양 떼를 갈취하고 가축우리를 부수는 행위를 서슴지 않았다. 다카르에 정착한 대부분 레부 사람들은 마라부 신도들이 아니므로 마라부 신도들의 이러한 행동을 막기 위하여 레부 당국에 이들을 격리시켜 달라고 강하게 요구하였다. 하지만 마라부 신도들과의 협상이 결렬된 이후, 무슬림이든 아니든 모든 다카르 주민은 마라부 신도들에 대한 투쟁을 결의하고 시위에 나서 양측 간 폭력 사태가 발생하였다. 이 때문에 레부 당국은 딜레마에 빠졌다. 왜냐하면, 마라부 신도들과 레부 사람들은 정도의 차이는 있지만 같은 무슬림 형제였기 때문이다. 마라부 종파에 가입한 레부 사람들보다는 일반 레부 사람들이 많다는 점에서 수적으로는 우세하지만, 마라부 신도들은 체계화된 조직을 가지고 있어 이들을 힘으로 밀어붙일 수도 없었다. 사태는 칼리파의 중재로 겨우 진정되었다. 그러나 이를 계기로 마라부 이슬람은 까브-베르에서 자신들의 자리를 확고히 할 수 있었을 뿐만 아니라 헌신적인 신봉자들을 더 확보할 수 있었다.

오늘날 세네갈의 이슬람 신도의 상당수가 마라부 종파에 속해 있다. 또한 레부의 종교 지도자는 모두 마라부 신봉자들이다. 레부의 첫 번째 최고 지도자 디알 디오프 역시 마라부 신도였다. 세네갈에서 전통 무슬림들과 마라부 신도들을 일상에서 구별하기는 쉽지 않다. 금요일 오후 3시가 되면 전통 무슬림이든 마라부 신도든 구분 없이 예배를 드리고 있기 때문이다.

세네갈 택시 운전사. 마라부 신도인 이 운전사는 필자의 사진 촬영 요구 이후에 아무 말 없이 운전만 했다. 2012년 7월 20일 촬영.

필자가 요프 마을을 가기 위해서 택시를 탔을 때, 조수석 앞 유리 한쪽에는 빛바랜 사진이 붙어 있었다. 한국에서는 의무적으로 택시 안에 운전사의 사진, 이름, 차량 번호를 부착하도록 되어 있다. 그러나 세네갈에서는 한국의 택시 같은 경우가 전혀 없으므로 필자는 그 빛바랜 사진을 운전사의 조상 사진 정도로 생각했다. 하지만 너무 궁금해서 참을 수 없어 용기를 내어 사진에 대해서 물어보았다. 그런데 뜻밖에도 그 사진의 주인공은 마라부 종교 지도자였다. 운전사에게 사진 촬영이 가능한지를 물었더니, 그는 기분 나쁘지 않게 거절했다. 그러나 그의 얼굴은 이미 굳어 있어, 필자는 목적지까지 조용히 갈 수밖에 없었다. 하지만 필자는 레부 사람들의 종교에 관한 신념이 사소한 것(필자가 판단하기에...)에서도 강하다는 것을 느낄 수 있었다.

요프에 거주하는 레부 사람들은 대부분이 이슬람을 믿는 마라부 신도들이다. 하지만 레부 사람들은 분명하게 다른 두 개의 종교, 즉 자신들의 수호신을 믿는 민간 신앙과 이슬람을 동시에 신봉하고 있다. 이슬람화된 레부 사람들은 15세기 까브-베르 지역으로 이동하면서 자신들의 토템 신앙을 같이 가지고 왔다. 왜냐하면, 자신들이 믿는 신들이 자신들을 르파니와 졸로프로부터 해방될 수 있게 해주었고, 식량감이 풍부한 바다를 제공해 주었다고 믿기 때문이다. 이처럼 레부 사람들은 이슬람의 알라가 아니라 자신들이 믿는 신에 더 많이 의지하고 있다. 즉 레부 사람들은 알라신과 자신들이 믿는 또 다른 수호신과의 관계를 끊임없이 넘나들며, 어느 한 쪽에 치우치지 않고 이슬람을 신봉하고 있다.

필자는 우마르 은갈라 계예(Oumar Ngalla Gueye)라는 마을 역사가를 방문하고 인터뷰한 적이 있다. 그때 역사가 집 안에는 20마리의 고양이가 있었다. 이러한 사실을 통해 필자는 그가 독실한 무슬림임에도 불구하고 조상 대대로 내려온 토착 신앙을 여전히 신봉하고 있음을 알 수 있었다. 이러한 광경을 카메라에 담지 못한 것은 이 역사가의 제지가 있었기 때문이었다.

더욱 특이한 것은 이슬람을 믿는 형태가 마을에 따라 다르고, 일부 마을에서는 자신들의 이슬람 사원을 별도로 갖고 있으며 이들 사원을 독립적으로 운영한다는 점이다. 대표적인 것이 요프 변두리에 있는 라옌느(Layenne) 이슬람 종파다.

이 종파는 레부 사람들이 자신들의 민간 신앙과 이슬람을 조화시킨 대표적인 레부 토착 이슬람이다. 이 종파는 1880년경 라마우 라예(Lamahou Laye)라는 어부에 의해 창시되었다. 그는 자신을 예언자라 칭하면서 자신에게 바친 모든 예물을 나누어 주면서 신도들을 확보하였다. 특히 이 이슬람 종파는 여성들이 신에게 기도할 수 있게 사원 출입을 허락하였다. 그가 성인군자, 치료사, 신(神) 등으로 명성을 얻으면서, 이 종파는 요프 지역에 빠르게 확산되었다.

요프 마을 한가운데 있는 이슬람 사원. 요프 마을에는 크고 작은 사원들이 여러 개가 있다. 2012년 7월 20일 촬영.

이러한 빠른 확산에 대해 전통 이슬람 신도와 정령 숭배자들이 식민 정부에 항의하였다. 이에 식민 정부는 사회 · 종교적 갈등을 예방하기 위하여 라예를 체포하고 고레 섬에 감금시키기도 하였다. 라예는 1909년 요프에서 사망하였지만 라엔느 이슬람 종파는 오늘날까지도 라엔느 지역 주민들의 중요한 종교로 남아 있다. 이 종파가 갖는 중요한 의미는 전통 이슬람의 산실인 메카에 성지순례를 하지 않고 깡베렌느(Cambérène)에 있는 자신들의 이슬람 사원의 순례를 강조하고 있다는 것이다. 이점에서 레부 사람들의 독립 정신은 이처럼 종교에서도 나타난다. 전통 무슬림들이 늘어나면서 라엔느 이슬람 종교는 현재 요프 라엔느에 거주하는 일부 레부 사람들만의 종교로 남아 있다.

요프의 이슬람 레부 사람들의 거의 대부분이 그들의 삶이자 생활의 전부인 바다에 대한 숭배 의식(소나 양을 희생 제물로 바치는)을 여전히 거행하고 있다. 이처럼 레부 사람들은 이슬람을 자신의 토착 종교와 같은 가치로 여기고 있다. 이러한 점은 사회 구조에서도 나타난다. 레부 초기 사회에서는 유산으로 물려받은 재산은 형제자매가 균등하게 물려받는다. 그러나 이슬람이 도입되면서 재산 분배의 원칙이 남성 위주로 점차 변하였다. 하지만 레부 사회에서는 재산 분배에서 여성을 완전히 배제하지 않고 있다. 즉, 부계 사회를 중시하는 이슬람이지만 모계 구조를 가지고 있는 레부 사람들은 재산 상속에 있어서는 딸에게 3분의 1을, 아들에게 3분의 2를 상속받게 하고 있다. 비록 상속에 있어서 약간의 변화가 있었지만, 레부 사람들은 사회 규칙에서도 조상 문화의 가치를 이슬람 종교에 거리낌 없이 적용하고 있다. 더욱이 레부 여성이 전통 이슬람 남성과 결혼했어도 조상 대대로 내려온(예를 들어, 랍) 민간 신앙을 버리지 않는다. 대부분 무슬림들이 거주하는 요프 마을은 자신들이 믿는 민간 신앙을 여전히 지니고 있다.

이외에도 레부 사람들이 새로운 이슬람이라고 있는 믿고 있는 무리디즘(Mauridisme)이 성행하고 있다. 프랑스 식민 지배로 발생한 사회적 불균형을 해결하기 위해 사회개혁을 목적으로

체크 아마무 밤바(Cheikh Ahmadou Bamba: 1853-1927)에 의해 창시된 이 종파는[16] 세네갈의 정치, 경제 부분에서 적지 않은 영향력을 행사하여 왔다. 전 대통령 압두라이 와드(Abdoulaye Wade)도 무리디즘의 신봉자였다. 하지만 각자의 독특한 민간 신앙을 가지고 있는 레부 사람들에게는 커다란 영향을 미치지 않고 있다. 그러나 대부분 레부 사람들이 무슬림이라는 점에서 무리디즘의 영향을 무시할 수 없다고 하겠다.

전체적으로 보면 세네갈에서 이슬람이 세네갈 사회를 변화시켰다기보다는 세네갈 전통 문화가 이슬람을 주체적으로 수용하면서 변화했다고 볼 수 있다.

---

16) 무리디즘은 1853년 음박케-바올(Mbacke-Baol)에서 태어난 체이크 아마무 밤바에 의해서 창설된 세네갈 이슬람 종파의 일부이다. 그의 실제 이름은 아흐메드 벤 모하마드 벤 아비브 알라(Ahmed Ben Mohamed Ben Abib Allah)인데 하디무 라술(Khadimou Rassoul)로 종종 불린다. 그는 월로프 지역에 정착하기 위하여 푸타-토로에서 온 4세대 투쿨레르 출신이다. 무리디즘은 현재 까요르와 바올(Baol)지역에서 주로 성행하고 있다.

제4장
레부 정치와 경제

전술한 바와 같이 레부 사회는 레부 사람들만으로 구성된 공동체가 아닌 다양한 종족들의 오랜 이주 과정을 통해 형성되었다. 이러한 사회적 이질성을 해결하고 외부인들의 침입에 대비하기 위해, 레부 사람들은 레부 공화국(엄밀하게 말해서 현대적 의미는 아님)을 건설하기도 하였다. 이러한 공화국이 출범하게 된 계기는 자신들의 정주지인 까브-베르에 대한 졸로프 왕국의 간섭에서 벗어나려는 정치적 의도도 있지만, 무엇보다도 세네감비아 해안에서의 대서양 무역 활성화를 통한 경제적 이해관계와도 연관되어 있다. 여러 제도와 이들의 기능적 역할을 고려해 볼 때, 레부 사회는 무정부 사회가 아니었다. 즉 레부 사람들은 18세기 말경에 왕국이 아닌 공화국을 세워 자신들의 지배체제를 독립적으로 공고히 하였으며 철저하게 공동체 정신을 유지하여 왔다.

요프 마을은 경제적으로는 어족자원이 중요한 기반을 이루고 있기 때문에 세네갈 유역에서 이주하여 요프에 거주하는 레부 사람들의 중요한 경제 활동은 주로 어업이다. 어업에 종사하는 인구는 요프 전체 인구의 과반수를 차지하고 있다. 이외에도 농업과 상업 활동도 있지만 레부 경제생활 일부분일 뿐 주된 경제활동은 아니다. 식민지 경제 유산인 땅콩 경작이 독립 전후 경제적 효율성을 잃으면서 대부분 농업은 가족 생계형으로 유지되고 있다.

1. 사회 구조

대부분 아프리카 사회의 기본 단위는 가족이다. 그러나 레부 사회에서 가족의 개념은 레부 사람들의 삶과 보다 밀접하게 연관되어 있다(Fall 1986: 49). 따라서 대부분 가옥들은 그 가계에서 아주 중요한 인물 주위로 형성되었고, 마을의 이름은 설립자 가계의 가장(家長) 이름으로 지어지며, 그가 사망한 이후에도 마을 이름은 그대로 유지된다.

레부는 3세기 가량의 이주를 통해서 형성된 종족으로, 이미 설명한 바와 같이 월로프족과 세레르족들과의 혼종 관계를 가지고 있다. 그뿐만 아니라 레부는 졸로프 왕국의 핍박을 피해 디앙데르에 정착하면서도 만딩그, 풀라니, 만데 등 다양한 종족과 함께 레부 공동체를 유지하여 왔다. 따라서 레부 공동체는 우선 두 가지 문제를 동시에 해결할 수 있는 사회 조직이 절실하였다. 하나는 여전히 자신들을 위협하고 있는 까요르 세력을 방비할 수 있는 강한 정치 조직을 확립하는 것이다. 다른 하나는 여러 종족으로 구성된 레부 공동체가 안정적으로 유지될 수 있는 사회 체제를 구축하는 것이었다.

이러한 필요 때문에 요프의 레부 사회는 엄격한 위계질서와 케트(Kheet)라고 하는 혈통 질서로 이루어져 있다. 각 혈통은 각 가계의 제일 연장자이자 가장에 의해서 형성된다. 가계의 모든 결정은 이 연장자에 의해서 결정된다. 이와 같은 연장자 우선 원칙은 요프에 거주하는 레부 사람들에게만 해당하는 것이 아니다. 레부 사람이라면 다른 지역에서도 연장자는 항상 존중되어야 한다. 다시 말하면 자신의 윗사람은 항상 부모처럼 대해야 한다. 이 케트가 요프의 레부 사회를 지탱해주는 관계망이자 정치 제도의 근간을 만들어 주는 역할을 한다.

이처럼 레부 공동체는 구조적으로 어느 한 혈통에 의해서 권력이 독점되는 것을 최대한 억제하기 위하여, 부계 혈통이 아닌 모계 혈통에서 지도자들을 선출한다. 요프에는 12개의 가계가 있는데, 이들 중의 일부 혈통들은 공동체 유지를 위한 각 기관의 장을 맡는다. 예를 들어 와네르(Wanere), 코논크흐 봅(Khonkth Bopp), 디아시라투(Diassiratou) 가계는 주로 자라프(Jaraaf)라는 직위와 관련되어 있다. 어느 한 사회 계층에 여러 가계가 동시에 존재하기보다는 한 사회 · 정치적 지위는 한 가계에서만 지속해서 유지되는 경향이 있다. 이러한 현상은 요프뿐만 아니라 까브-베르에 존재하는 117개 공화 마을[17]에도 일반적으로 존재한다.

외부 종족과 결혼하여 출생한 자식들은 아버지의 혈연관계(부계)를 유지하는 것이 아니라 어머니의 혈연관계(모계)를 유지하기 때문에, 아버지의 성(姓)을 따르지 않고 어머니의 성을 따르게 하여 종족 신분을 그대로 유지하고 있다. 단 외부 종족인 아버지의 원적을 유지하기 위해서 형식적으로 아버지의 성을 이름에 첨부한다. 결혼한 여성은 아내로서는 남편에 속해 있지만, 어머니로서는 자신의 가계를 그대로 유지할 수 있다. 이러한 것은 한 여성이 레부 사람이 아닌 다른 혈통과 결혼할 경

---

17) 원전에는 '레부 공화국'(Lébou République)으로 되어 있으나 당시의 조직과 기능적인 면을 보았을 때, 현대적 의미의 '공화국'과 다르다. 이러한 점에서 필자는 '공화국'은 합의체 기관에 의해서 행사되는 정치 공동체 의미와 같기 때문에 본 글에서 '공화 마을'로 명명함.

우, 레부 가계를 이을 수 없는 모순을 극복하기 위한 것이다. 레부 속담에 '친족관계를 만드는 것은 모유(母乳)다.'라는 말이 있다.

따라서 레부 사람들의 이름에는 월로프, 세레르 혹은 투쿨레르의 성(性)이 붙은 경우가 종종 발견된다. 예를 들어 레부 사람들의 성은 은도예(N'Doye), 방가(Benga), 디엔느(Diene), 삼바(Samba) 등이 대표적이다. 그런데 월로프, 세레르 혹은 투쿨레르의 대표적인 성(性)인 귀예(Guye), 디오프(Diop), 디우프(Diouf), 파예(Faye) 등이 발견된다.

2. 정치 조직 및 기능

까브-베르의 레부 공동체에는 117개의 '레부 공화' 마을이 있다. 이들은 각기 자신들의 공동체를 자치적으로 유지하고 있다. 요프 마을도 이들 중의 하나다. 대신 아프리카 전통 사회를 거론할 때 자주 등장하는 추장 제도는 레부 사회에서는 거의 존재하지 않는다. 레부 사회는 일명 '레부 공화'라는 조직을 통해 외부 침입(특히 까요르)에 공동으로 대처하기 위해 레부의 전체 마을을 연합시켰다.

〈표 3〉 중앙 레부 마을의 조직도(다카르)

출처 : Fall 1986, p. 42를 바탕으로 필자가 재작성함.

레부 마을을 대표하는 레부 '연방 중앙 마을'이 있고, 그 밑에 117개의 연방 주(州) 같은 '연방 마을'들이 있다. 각 '연방 마을'은 〈표 3〉과 같은 기구들로 구성되어 있다. 단 '중앙 연방 마을'에는 세리뉴 은다카루(Sérigne Ndakarou)라는 지도자가 전체 레부 공동체, 즉 '연방 마을'들을 대표하며, 그 밑에는 5개의 집행 및 합의체 기구가 작동한다. 세리뉴 은다카루는 현재로 말하자면 '대통령'에 해당된다. 세리느 은다카루는 그랑자라프(Grand jaraaf), 살티게(Saltigué), 은데예 디 레브(Ndeye Di Rew), 이맘 라티브(Iman Ratib)를 임명한다. 하지만 세리뉴 은다카루는 '연방 마을' 전체에 직접적인 권력을 행사하지 않는다. 즉, 각 '레부 공화' 마을의 실질적인 지도자인 자라프는 세리뉴 은다카루에 의해 임명되지 않고, 각 마을의 합의체 기구와 협통에 의해서 선출된다.

다카르 마을 같은 경우는 프랑스 식민 지배를 받으면서 도시화된 이후에는, 세리뉴 은다카루는 실질적인 영향력을 행사하기 보다는 단순한 명예직으로 전락하였다. 단 레부 각 마을에는 마을 대표들의 회합인 디암부르가 있다. 이 기구는 마을의 문제점을 공동으로 논의하는 합의체로 각 레부 하위 마을들과(여기서는 '연방 마을'을 뜻함)의 관계를 유지시켜 준다. 하지만 디암부르가 각 하위 마을에 있는 마을 공동 협의체 기구인 디암부르 이 팬츠(Diambour i Pintch)에 직접적인 영향력을 미치는 것은 아니다. 이처럼 레부 사람들은 '레부 공화' 공동체를 형성하였지만, 각 마을은 독립적인 자치 기구를 통해서 유지된다. 따

라서 각 마을은 대추장과 같은 중앙집권적인 절대 권력의 지배를 받지는 않는다.[18)]

1) 요프 마을 정치 조직과 기능

(1) 집행 기관과 기능

자라프는 요프 마을의 최고 지도자이며 세리느 은다카루에 의해 형식적으로 임명되지만, 독립적으로 권한을 행사한다.[19)] 초기에는 라만느(Lamane)가 최고 통치자였다. 라만느는 토지 소유자이며 마을 촌장들에게 법을 집행한다. 그러나 이주 인구가 증가하고 다멜의 압력이 강해지면서, 정치 조직의 기능을 강화하기 위해서 마을 공동체의 최고 통치자가 자라프로 바뀌었다. 그리고 자라프에는 4개의 하부 기관들인 살티게, 은데예 디레브, 은디암부르(Ndiambour)와 프레이(Frey)를 관장하는 은데

---

18) 기타 기구들의 역할에 대해서는 요프 마을의 기구 설명으로 대신한다. 각 마을을 정치 기구들은 마을의 상황에 따라서 약간의 차이는 있지만 거의 유사한 기능을 가지고 있다.

19) 요프의 정치 조직은 엄밀한 의미로 서구, 즉 프랑스의 공화정 기구는 아니지만 유사한 형태로 유지되기 때문에 '추장'이란 용어 대신 '대통령' 즉, 무슈 프레지당(Monsieur président)이라는 용어를 사용한다.

예 디 잠부르(Ndeye Di Ndiambour)가 보좌하고 있다.

자라프는 요프 마을을 관장하는 역할을 하는데, 여러 팬츠의 귀족들에 의해 위임된 대표자들에 의해서 선임된다. 그뿐만 아니라 그는 각 팬츠를 대표하는 촌장을 임명하는 권한도 가지고 있다. 자라프는 마을 집회를 관장하며 때로는 종교 지도자의 역할도 한다. 또한 그는 마을 토지 소유권자로서 막강한 영향력을 행사하였다. 그러나 현대에 들어와서 자라프는 이전과 같은 권한을 행사할 수 없고 명예직으로 남아 있다. 이들은 모두 콩크 팔(Konkh Fall)의 모계 혈통에 속해 있으면서, 성은 어머니의 것을 사용하고, 이름은 아버지의 것을 사용한다. 요프의 대표적인 자라프에는 탈라 디아느(Talla Diagne), 이사 음벵그(Issa M'Bengue), 티에르노 디오프 게예(Thierno Diop Guèye)가 있다.

두 번째 직위는 '마을의 어머니'란 뜻을 가진 은데예 디 레브로 자라프에 의해서 임명되는데, 오늘날의 시장(市長)과 같은 역할을 한다. 주로 외부 문제를 주로 관장하며, 여러 팬츠와 자라프 간의 중재 역할을 도맡아 하기도 한다.[20] 이러한 중재적

---

20) '마을의 어머니'로 불리는 이유는 요프의 전통 민간 신앙에서 유래했기 때문이다. 하지만 은데예 디 레브는 여성이 아니라 남성이다. 이는 요프 전통에서는 아주 중요한 사람을 '어머니'라고 부르는 관습이 있기 때문이다.

인 역할은 지역 주민과의 관계에서도 나타난다. 은데예 디 레브는 마을 지도자인 자라프에 맞서 일반 주민을 대표하기도 하며, 지역 문제에 대해 항의하거나 이에 대한 해결을 요구하기도 한다. 이러한 점에서 은데예 디 레브는 국내외적인 충돌을 해결하는 중요한 임무를 수행하기 때문에, 요프 마을의 평화를 위해 매우 중요한 역할을 한다. 은데예 디 레브는 주로 바뉴(Bagne)와 디아뉴(Diagne) 모계 혈통 출신에서 주로 임명된다.

세 번째 직위인 살티게는 전쟁과 안보, 농수산, 외무 장관과 같은 여러 대신(大臣)의 역할을 동시에 한다. 그는 특히 토지 및 물 자원과 공동체를 관리하는 임무를 가지고 있다. 전쟁 시에는 사령관 역할도 하지만, 평화 시에는 경찰 서장의 역할을 하므로 마을의 치안을 담당하고 있다는 점에서 마을 주민의 일상을 잘 인지하고 있는 편이다.

네 번째 직위인 이맘(Imam)은 엄격히 말하자면 마을 사람들은 대표하는 정치적 직위는 아니다. 하지만 요프 공동체의 종교 문제를 담당하고 있어 매우 중요하다. 종교 지도자 이맘은 종교적인 문제에 있어서 세리뉴(혹은 자라프)와 동급의 권한을 가지고 있다. 이는 종교가 레부 공동체에서 가장 중요한 부분을 차지하기 때문이다. 레부 사람들이 까브-베르에 정착했을 때에는 대부분이 이교도들이거나 민간 신앙을 신봉하고 있었다. 대부분 레부 사람들은 물과 다양한 자연 근원으로부터 유래한 신비주의적인 특징을 가진 종교를 믿고 있었다. 이맘을 제외하고 세 명의 지도자는 촌장회의(Notables)에서 선출된다.

2) 의결 기관

요프는 앞서 서술한 바와 같이 7개의 하위 마을로 이루어져 있다.[21] 이 하위 마을들을 관장하고, 마을 문제를 의결하는 대표 기관은 촌장회의이다. 이것은 7개 팬츠의 촌장들이 모여서 문제를 논의하고 결정하는 레부 하위 마을의 의결 기관이다. 하지만 모든 논의 사항과 의제는 팬츠를 대표하는 촌장이 단독으로 결정하지는 않는다. 중요한 논의 사항과 의제를 결정하기 위해서는 마을 의회 성격을 가진 디암부르 이 팬츠에서 일단의 논의 과정을 거친다. 그리고 각 팬츠의 촌장들은 디암부르 이 팬츠에서 결정된 사안을 촌장회의에서 논의한다.

---

21) 본 글에서 읍(邑)에 해당하는 꼬뮌 대신에 마을로 표기하고 있기 때문에 마을 밑의 행정 구역을 한국어로 호칭할 수 있는 적당한 용어가 없다. 한국과 프랑스 같은 경우에는 동(洞) 혹은 리(里)에 속하지만, 현지에서는 동 혹은 리로 나뉘어 있지 않고, 그렇게도 호칭하지 않는다. 원칙상으로는 7개의 구역 이름으로 모두 표기해야 하지만 외래어 표기가 본 글에 너무 많아서 7개의 구역을 '하위 마을'로 통일하여 표기한다.

요프에는 7개 하위 마을을 각각 관장하는 7개의 디암부르 이 팬츠가 있고, 이들 의결 기관이 각 하위 마을의 의사를 대표하는 것이다. 지역의회 같은 성격을 가진 디암부르 이 팬츠의 구성원이 되기 위해서는, 순수한 레부 출신이어야 하며, 해당 마을 혹은 팬츠에서 최소한 50년 이상 거주해야 한다. 디암부르 구성원은 각 팬츠에서 선출된 1~2명으로 구성된다.

디암부루 이 팬츠는 요프 공동체를 대표하며, 촌장들을 임명하기도 하고 파면시키기도 한다. 또한, 요프 공동체에 필요한 법칙과 규례를 결정하고, 은데이 디 레브를 통해 결정된 사항의 배포 및 실행을 살티게에게 전달한다. 하지만 이들의 활동은 관련된 하위 마을 혹은 팬츠로 한정되어 있다.

이들 두 기관(집행기구와 의결기구)의 공통적인 특징은 하나의 혈통에 의해 모든 권력이 장악되는 것을 예방하기 위해 각 기관의 대표는 정해진 혈통에서만 선출될 수 있게 하였다. 아무리 능력이 뛰어나다 하더라도 혈통에 관련된 이외의 다른 기관을 대표할 수는 없다. 마을의 대추장 격인 자라프는 콘크흐 보프(Konkhs Bop), 와에네르(Waéner), 디아지라토(Dyasirato) 혈통 중에서 선출된다. 또한 은데예 디 레브는 카카느(Khagane), 테토프(Tetoff), 데가느(Deugagne), 유르(Yuur) 혈통 중에서 선임된다. 살티게는 도로베(Dorobé), 딩디르(Dindir), 숨바레(Soumbare),

카이(Khay) 혈통에서 주로 선출된다. 이처럼 각 지도 계급은 같은 모계 선조의 혈통이어서는 안 된다. 이와 같은 선출 방식은 권력 독점의 예방도 있지만, 정치 · 행정의 책임 권한을 여러 혈통에 분배하여, 분권화를 통한 사회 균형을 이루기 위한 것으로 보인다.

〈표 4〉 요프 정치 구조

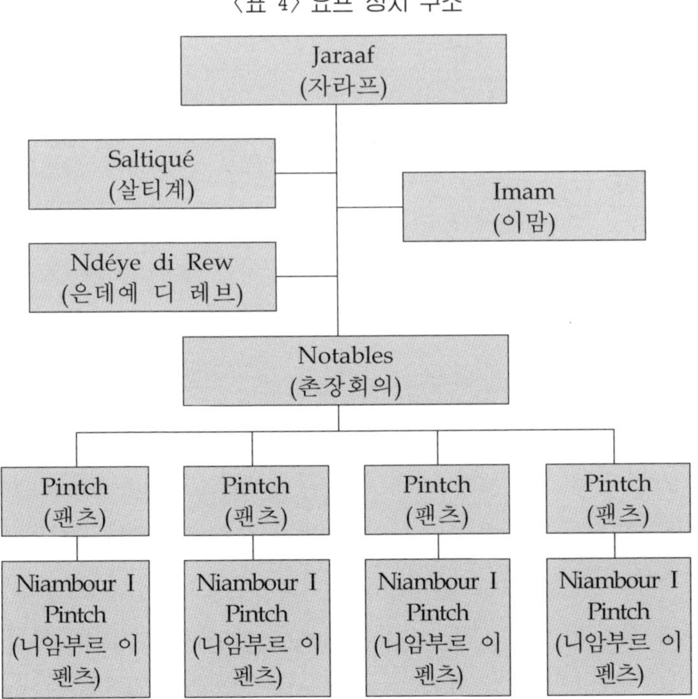

출처 : Fall 1986, p. 42를 바탕으로 필자가 재작성함.

이와 같은 정치 기구의 조직과 기능을 보았을 때는 현대적 의미의 '공화제' 같은 형태로 보이나, 실질적인 권한 행사에 있어서는 '군주정' 정치 구조를 가지고 있다. 즉, 각 정치 기구의 수장은 정해진 혈통들에 의해서 세습될 뿐이지, 모든 지도자들이 국민에 의해서 선출되는 실질적인 공화정은 아니다. 왜냐하면 모든 공동체의 문제는 공동체의 수장인 자라프의 능력이 아니라 모계 혈통에 따라서 결정된다.

하지만 대부분 정치 조직을 담당하고 운영하는 지도층은 60세 이상의 고령이라는 점에서 노인 정치의 성격이 다분히 있다. 그럼에도 조직적인 사회 구조를 가진 요프 사람들은 1998년 이전까지만 해도 국가에 영향을 미칠 만큼 독립된 힘을 가지고 있었고, 국가 정책 결정에도 영향을 미치곤 했다. 예를 들어, 다카르 시장(市長)은 항상 요프 사람들이 차지하곤 하였다. 현재 요프 정치 기구들은 요프 마을에 관련된 부분에서만 일부 영향력을 행사하고 있다. 하지만 중요한 국가 정책 과정에서는 별도로 요프의 레부 사람들에게 부여된 직책은 없다. 독립 이후에 레부 사람들은 요프 구청(다카르 시청 포함), 위에서 기술한 정치 기구 그리고 종교 권한(Imam)이라는 3가지 유형에 의해 정치적 영향을 받고 있다. 따라서 현재는 합의체 기구만이 실질적인 기능하고 있고 자라프, 은데예 디 레브 같은 개인적인 권한 행사 성격을 가진 지위의 기능은 사라져 단순한 명예직으로만 남아 있다. 가계에서 어느 정도 지도자 역할을 하는 사람들은 다카르 행정 관료나 시의회 진출을 통해서 영향력을 행사할 뿐이다. 하지만 과거와 같이 전통 제도에서 실질적인 권한을 직접적인 행사하는 경우는 거의 없다.[22]

3. 경제 활동

요프의 레부 사람들의 주요 경제 활동은 크게 두 부류로 나누어진다. 하나는 전통적인 경제 활동인 어업, 농업, 수공업 그리고 상업이며, 다른 하나는 근대적 경제 활동으로 요프에서 약 10㎞ 떨어진 도시에서 주로 사무원 같은 월급 사원, 행정관료, 운송업 등에 종사하는 직업을 가진 경제 활동이다.

---

22) 이러한 정치 기능을 보다 정확하게 파악하기 위해서는 이들 기구가 실제 생활에서 어떻게 작용하고 있으며, 실제로 어떤 영향을 미쳤는지를 파악하는 것이 무엇보다도 중요했다. 하지만 2012년 7월 필자가 인터뷰하려던 시기가 이슬람의 대축제인 라마단 기간이어서, 중요한 지도자들을 만날 수가 없었다는 점이 안타까웠다. 따라서 필자는 이슬람 지역에 관한 현지 조사에서는 라마단 기간에 대한 정보를 사전에 입수하여, 일정을 세밀하게 짤 필요가 있음을 뼈저리게 느끼게 되었다.

〈표 5〉 1948년 당시 직업분포 현황

어업	농업	월급 사원	수공업	운송	상업	사무원
23	30	13	12	9	6	4

출처 : Simone 1969, p. 52.

그러나 전통 경제에 참여하는 인구는 다카르의 도시화와 현대적 경제 활동의 확산으로 점차 줄어들고 있다. 예를 들어 1969년에 이미 요프 전체 인구 중에 60%가 현대적 경제 활동에 종사하고 있었다. 그럼에도 대부분 레부 사람들은 어업과 농업 활동을 병행하고 있다. 7월~10월까지 우기에는 주로 간단한 농사를 짓고 10월에는 어획 활동에 참여한다. 따라서 본 절에서는 레부 사람들의 주 경제 활동인 어업과 농 · 목축업에 관해서 소개하고자 한다.

1) 어업

레부 사람들의 주요 정착지인 까브-베르 해안은 용승 현상으로 인해 어족 자원이 풍부한 지역이다. 또한, 푸타-토로에서 이주하기 이전 레부 사람들의 주요 경제 활동도 주로 어업이었다. 이들의 세네갈로의 이주에서 정착에 이르기까지의 경로는 해안

지역을 축으로 형성되었다. 그래서 그런지 레부 사람들은 모두가 태어나면서부터 선천적으로 어부였다고 한다. 전설에 의하면 한 레부 어부가 바다에서 암컷 물고기를 잡았는데, 이 물고기가 이 어부에게 물고기 잡는 기술과 제례 방법을 가르쳐 주었다고 한다. 이후 모든 레부 사람들은 다른 종족에 비해 월등하게 물고기를 잘 잡을 수 있었다고 전해진다(Mbengue 1992: 7-8). 이러한 전설로 레부 사람들이 선천적으로 물고기 잡는 데 뛰어났다고 한다. 하지만 무엇보다도 이들이 까브-베르 지역으로 이주하기 이전에 세네갈 강 지역에 정주하고 있었기 때문에 어부로서의 자질이 뛰어났다고 보는 경향이 더 많다. 여하튼 레부 사람들에게 있어서 어족 자원은 중요한 생활 자원이다. 레부 사람들의 전통 마을 중의 하나인 요프 마을의 주요 경제 활동 또한 어업과 농업이다. 요프는 다카르, 티아로예, 은고르, 우아캄(Ouakam)과 함께 까브-베르의 주요 어장에 속한다.

요프에 거주하는 대부분 레부 사람들은 어부며, 전통적 방법인 작은 그물, 잠수, 넓은 어망 등으로 어업 활동을 하고 있다. 어업 활동은 우기가 끝나는 10월 말부터 서서히 시작되어, 바닷물 온도가 상승하기 시작하는 1월 이후부터 본격화된다.

정박 중인 어선들. 10월 출항을 기다리는 어선들이 해변에 가득하다. 이들 중에는 외부인의 소유로 된 선박들이 상당수 있다. 2011년 7월 20일 촬영.

멍게 파는 아이들. 동네 아이들이 관광객들에게 멍게를 팔고 있다. 100세파(한화 240원가량)면 구워진 멍게 2~3개를 살 수 있다. 2011년 7월 20일 촬영.

2012년 7월 요프 마을에서 필자가 인터뷰와 설문 조사를 실시할 때, 어부가 직업인 레부 사람들을 심심치 않게 만날 수 있었다. 하지만 이들 중의 대부분은 집에서 한가하게 지내면서 휴식을 취하고 있었다. 어획 성수기 때에는 요프 해변에 500여 척의 고기잡이용 카누가 정박한다. 이 중 약 300척의 카누가 요프 사람들의 소유이고, 약 200척은 카야르(Kayar), 생루이, 조알(Joal) 등에서 온 외부 어선들이다.

요프 공동체뿐만 아니라 가족의 생계를 책임지는 어획 활동은 공동체 조직이나 여러 가족 간의 협동을 통해서 이루어지는 것이 대부분이었다. 따라서 이들이 사용하고 있는 예망의 대부분은 공동체 소유이거나 여러 가족의 공동 소유인 경우가 대부분이었다. 하지만 최근 들어서는 개인 소유의 카누에 소형 모터를 달아서 어획하는 경향이 많아져, 과거와 같은 공동 어획 작업이 점차 줄어들고 있다.

이와 같은 현상은 요프 어업 공동체 조직의 변화라기보다는 어업의 산업화에 기인한다. 예전에는 요프 해변에서 두 개의 고기잡이 어선이 예망을 띄워 좌우로 갈라져 해변으로부터 멀리 이동했다고 한다. 좌우로 벌어진 예망 끝의 길이는 최대 1㎞까지 달한다. 예망을 해변에서부터 띄워 일정한 거리로 나간 예망 어선의 신호가 있으면, 두 집단으로 나누어진 수십 명의 어부와 마을 사람들은 손으로 예망을 마을 쪽으로 끌어 올리면서, 동서(東西)로 약 1㎞ 떨어진 예망 끝을 좌우 양측에서 가까이 좁히며 어획을 한다. 그러나 지금은 요프에서 이러한 광경을 보기가 어렵다는 것이 현지인들의 이야기이다.

출처 : Dumez 2000, p.25

마을의 어획량이 줄어드는 주요한 이유는 다음과 같다. 첫째, 대형 원양 어선에 의한 어업 활동이 확산되면서 공동 어업 활동이 급격히 줄어들고 있다. 따라서 과거와 같이 집단 협업을 이용한 어획보다는 개인 카누를 이용한 어획을 할 수밖에 없게 되었다. 이 때문에 어획량이 감소하게 되어 어부들이 경제적으로 어렵다. 둘째, 산업 시설의 증가와 생활 쓰레기 처리 시설의 미비로, 산업 쓰레기와 생활 쓰레기가 마을 해변에 불법으로 버려지고 있다. 이 때문에 해변 지역이 오염되면서 해변에 풍부했던 어족 자원이 줄어들고 있다. 결국, 어부들은 마을에서 1~2시간 떨어진 바다에서는 풍부하게 어획할 가능성이 점차 없어지고 있다.[23] 반면 충분한 어획을 위해 불가피하게 2~3일 동안 바다에서 생활하는 날이 많아지면서, 해양 날씨의 급격한 변화로 말미암은 어부들의 사망자 수도 늘어나고 있다.

---

23) 현재 이러한 어획 모습은 매년 '요프 경제, 문화, 사회 발전을 위한 단체'(APECSY: Association pour la Promotion économique, culturelle et sociale de Yoff)에서 개최하는 물 축제에서나 겨우 볼 수 있다.

오물의 불법 투척. 한 여인이 자연스럽게 바다에 생활오물을 버리고 있다. 멀리 보이는 것은 요프의 관광지인 요프 섬이다. 2011년 7월 16일 촬영.

오염된 바다와 아이들. 한쪽에서는 간단한 그물을 이용해 고기를 잡고 있고, 다른 한쪽에서는 아이들이 수영을 즐기고 있다. 2011년 7월 16일 촬영.

이와 같은 어획의 열악한 환경으로 요프의 젊은이들은 다른 일자리를 찾아서 도시로 떠나거나 공장 노동자, 청소부 등의 열악한 직업에 종사하고 있다. 필자가 지난 2년 동안 요프 마을을 방문한 기간이 7월 즉, 어업 휴식기라 요프 해변에서 활발한 조업 활동을 볼 수 없었으며, 마을 청년들이 일하는 모습도 찾아보기 어려웠다. 한 자료를 보면 1948년부터 요프의 레부 사람들의 어업 종사 비율이 점차 줄어들기 시작했는데, 1997년 현재는 전체 인구의 약 14.7%만이 어업에 종사하는 것으로 나타났다.

〈표 6〉 어업 인구의 변화

구 분	1948	1964	1969	1997
어업 종사 인구 비율	23.0%	21.0%	12.5%	14.7%

출처 : Dumez 2000, p. 24.

이러한 현상은 대체로 두 가지 이유 때문에 발생한 것으로 풀이된다. 첫째, 많은 요프 청년들은 수입이 일정하거나 규칙적으로 일할 수 있는 직업인 봉급생활을 점차 선호하고 있다. 둘째, 어획된 생선의 신속한 운송이 어려워 상업적 가치가 떨어지고 있다. 요프 마을에 1~2톤 정도의 트럭이 들어갈 수 있는 포장된 도로는 전통 마을 옆을 지나는 엘 하즈 음벵그(Elll Hadj Mbengue)와 아산느 티아브(Alassane Thiaw)도로뿐이다. 이 두 곳을 제외한 지역에서의 생선은 주로 손수레나 우마차에 의해서 운반되고 있다. 요프의 열악한 환경은 어업뿐만 아니라 요프 마을의 주 경제 활동인 농업과 목축업에 종사하는 인구도 점차 줄어들게 하고 있다.

2) 농업과 목축

요프의 레부 사람들이 어업 다음으로 중시하는 것은 농업과 목축이다. 하지만 요프는 앞에서 기술한 것처럼 다양한 기후대를 형성하고 있어서 안정된 농업 기반을 갖추기 어려운 자연조건을 가지고 있다. 까브-베르의 서쪽에 있는 요프는 11월부터 다음 해 5월까지는 무역풍에 의해 건조하고 서늘한 바람이 부는 수단-사하라 기후대에 속하게 된다. 반면, 6월에서 10월까지는 덥고 습한 기후대가 형성되는데, 사람들은 이 시기를 우기(雨期)라고 한다. 필자가 현지에서 경험한 바로는 한낮의 체감온도는 약 40℃ 정도로 매우 덥다. 특히 요프 마을에는 숲 지대가 별로 많지 않아서, 필자는 마을 한가운데나 근처를 걸어 다닐 때 무척 고생한 경험이 있다. 이곳에서는 사람들이 건물 아래의 그늘진 곳에 옹기종기 모여 있는 모습을 쉽게 관찰할 수 있다. 필자의 경험에 비추어 볼 때 좁은 골목들이 많은 이유는 뜨거운 햇살을 어느 정도 피할 수 있게 해주는 기능이 있기 때문으로 짐작된다. 이 같은 기후로 이방인들은 에어컨 시설이 되어 있지 않은 대중교통이나 택시를 타면 엄청나게 고생한다.24)

가축우리. 요프 마을 곳곳 길가에는 이와 같은 우리가 설치되어 있다. 그만큼 별도로 이들 가축을 관리할 수 있는 대지가 부족하다는 것을 입증한다. 2011년 7월 16일 촬영.

요프의 한정된 토지 및 기후 변화 때문에 주민의 농업과 목축 활동은 매우 제한적이어서 생산물도 많지 않다. 생산물은 주로 마을 내부에서 소비되고 있다. 우기에는 주로 땅콩(상업용), 참소리쟁이, 완두콩, 카사바를 경작하며, 건기에는 채소류인 양

---

24) 세네갈에는 대형, 소형 버스의 대중교통이 있으나, 노란색의 택시들도 일반 대중교통 수단에 속한다. 필자는 서민들이 자주 이용하는 버스를 이용하기보다는 택시를 이용한 적이 많다. 이는 필자가 주로 방문하는 지역의 근처를 지나는 버스가 없고, 있어도 배차 시간이 길어 거리에서 많은 시간을 소비하기 때문이었다. 다카르 대학에서 요프 마을 입구까지는 3,000 세파(한화 7,200원) 정도의 비용이 드는데, 세네갈 국민 소득과 비교하면 꽤 비싼 편이다. 하지만 택시 안은 바깥 온도와 별 차이는 없다.

파, 감자 등을 경작한다. 또한, 목축이라고 해야 양, 염소, 닭 등의 작은 가축들이 전부이다. 다카르의 도시 확장(예를 들어 국제공항 건설) 때문에 그나마 농업과 목축을 할 수 있는 토지들이 점차 줄어들고 있다. 현재 레부 사람들이 농업과 목축을 할 수 있는 토지는 국제공항의 고도 제한과 안전 문제로 건축물이 들어설 수 없는 국제공항 울타리를 중심으로 제한되어 있다.

〈표 7〉 농업 인구의 변화

구 분	1948	1964	1969	1997
농업 종사 인구 비율	30.0%	19.0%	11.5%	0.8%

출처 : Dumez 2000, p. 24.

물론, 요프에서 어업은 농업과 비교하면 안정적이다. 과거와 같이 해안 가까이에서도 고기를 많이 잡을 수는 없다. 하지만 여전히 고기잡이는 주로 여행자들을 상대로 판매할 때 어느 정도 수입을 얻을 수 있다. 반면 농업은 그렇지 못하다. 도시화의 확장으로 공동체의 토지가 점차 팔려나가고 있어, 농사를 지을 수 있는 토지마저 줄어들고 있다. 그래서 요프 어부들은 차라리 운전사, 공항 잡부로 일하거나 장사를 할망정 불안정한 농부가 되는 것을 아주 꺼린다.

이처럼 기초 생활의 보장이 어려워지면서, 레부 사람들은 토지뿐만 아니라 어장인 바다까지도 살롬(saloum), 까요르, 졸로프, 와로 등지에서 온 외부인과 백인들에게 넘겨주고 있다. 이외에도 상업적 경제 활동(서비스, 기술, 상업 등) 영역이 도시화와 함께 확대되고 있지만, 대부분이 외부인들에 의해서 운영되고 있어 요프의 지역 경제 발전에 크게 영향을 미치지 못하고 있다.

마을 입구의 상점. 프랑스어로 부띠끄라고 쓰여 있는 정리된 상점 대부분은 외부인들의 소유이다. 이곳에서는 각종 음료수와 생필품을 판매하고 있다. 도로 사정이 안 좋아 판매 물품을 쉽게 운송 받기 위해 큰 길가에 위치에 있다. 2012년 7월 16일 촬영.

제5장 레부 사람들의 생활공간

1. 프랑스의 식민 도시화

프랑스에게 있어서 세네갈은 알제리 다음으로 자신들의 식민 정책을 성공적으로 실험하고 정착시켰다고 자부하는 곳이다 (Glasman 2004). 19세기 중반부터 세네갈에 본격적인 식민 정책을 시행한 프랑스는 세네갈을 서아프리카 프랑스 식민지의 거점으로 간주하고 많은 공을 들였다.

‘기린의 머리 모양’을 한 까브-베르는 지정학적인 전략적 위치 탓에 유럽 열강들의 주된 침략 대상이 되었다. 1455년 포르투갈 탐험대의 세네감비아 지역의 방문을 시작으로, 고레 섬을 두고 네덜란드, 프랑스, 영국의 점령이 여러 차례 지속해서 반복되었다. 이 때문에 요프 지역을 포함한 까브-베르는 19세기 이후 전반적인 변화의 소용돌이에 빠지게 된다.

세네갈에 대한 프랑스의 관심은 1612년부터 시작되었지만, 까브-베르에 대한 관심은 까요르 왕과 1769년과 1765년 두 차례 협약으로 시작되었다. 하지만 당시의 협약은 고레 섬의 주민과 프랑스 주둔군이 필요로 하는 식량 공급에 대한 협약으로 까브-베르에 대한 실질적인 지배는 아니었다. 이후 1787년 프랑스는 까브-베르 전체에 대한 할양을 확보하였지만, 프랑스는 실효 지배를 위한 조직 구성, 경작 체제 도입, 실질적인 통치 행위 등을 거의 하지 않았다. 따라서 당시의 프랑스 점령은 까브-베르의 레부 사람들에게는 크게 영향을 미치지 않았다(Birahim 1972: 129). 특히 프랑스는 레부 사람들을 다멜의 신민으로만 간주하였기 때문에, 1816년 고레 섬과 프레스킬에 대한 식민 지배를 재개할 때는 1763년, 1765년, 1787년에 다멜 왕국과 맺은 조약으로 충분했을 것이다.

페데르브 동상. 옛 세네갈 수도 생 루이 공원에 있는 프랑스 식민 총독의 동상. 20011년 7월 18일 촬영

레부 전통 마을. 생 루이에 있는 이곳의 레부 사람들은 도심 외곽에서 고립되어 살고 있다. 2011년 7월 18일 촬영

프랑스가 까브-베르에 대한 실효 지배를 본격화한 것은 1857년 5월 25일 프랑스 함장 베쏘 프로테(Vaisseau Protet)가 까브-베르를 공식적으로 접수하기 위해 발을 들여 놓았을 때였다. 이후 세네갈의 본토인 까브-베르는 식민 농업의 주요 작물인 보리, 밀, 땅콩 등을 생산하고 수출하기 위한 프랑스의 상업 교두보가 되었다. 특히 땅콩은 프랑스 식민 경제의 주요 핵심 사업이다. 그렇기 때문에 프랑스는 최대한 많은 노동력을 확보하기 위해서 도시와 땅콩 생산지에 이주민 정책을 적극 장려하였다.

〈표 8〉 다카르 도시 인구 변화

연도	인구 (명)
1878	1,560
1891	8,700
1904	18,400
1910	23,600
1914	24,300
1926	31,000
1931	47,400
1936	85,000
1948	168,100
1955	200,780
1960	374,000

출처 : Faye 2000, p. 28.

1857년 다카르 건설은 내륙 지방에서 생산되는 수출 작물의 집산과 해외 방출을 위한 중요한 교두보로 활용하기 위해서였다(Roger 1959: 396). 게다가 서아프리카 프랑스령 식민지 수도였던 생 루이의 식민 도시 역할이 1940년 다카르로 완전히 이전되면서, 다카르가 서아프리카 프랑스 식민지의 주요 거점도시가 되었다.

이후 다카르는 프랑스의 모든 식민 행정과 경제의 중심이 되었으며, 1900년 7월 20일 국유지 정책 발표와 함께 다카르의 도시화는 본격화되었다. 특히 양차 세계대전으로 경제적 타격을 받은 프랑스는 자국의 경제발전과 국가부흥을 위해서 아프리카에 대한 식민지 개발을 본격화한다. 또한 프랑스는 자국의 산업화에 필요한 1차 자원 개발에 집중하게 된다. 프랑스 식민 정부는 다카르에 각종 공공시설과 병원, 학교 등을 건립하고 다카르를 서아프리카의 식민 행정 도시로 발전시켰다. 다카르는 세네갈뿐만 아니라 프랑스령 서아프리카(Afrique Occidental française: AOF)의 수출 하역장으로 발달하게 되면서 다카르 인구도 동시에 급증한다. 더욱이 다카르는 1830년 이후 여러 차례의 황열병 창궐로 많은 주민이 사망하였기 때문에, 다카르의 환경개선은 시급했다. 이러한 작업은 1차 세계대전 이후 본격화되었다.

다카르의 원주민들은 백인 거주지에서 800미터 이상 떨어진 메디나(Médina)로 이주해야 했다. 특히 2차 세계대전 이후 다카르의 식민 산업 시설이 들어서면서, 이주민들을 수용하기 위한 메디나, 그랑다카르(Grand Dakar) 같은 지역이 새로 건설되었다. 2차 세계대전 이후에는 토지보상 예산의 부족으로 다카르 중심에서 20㎞ 떨어진 메르모즈(Mermoz)에 유럽인들을 위한 신시가지를 건설한다. 이 지역은 요프와 5~10㎞밖에 떨어지지 않은 지역이다.

〈지도 7〉 1950년대 다카르 도시 계획 청사진

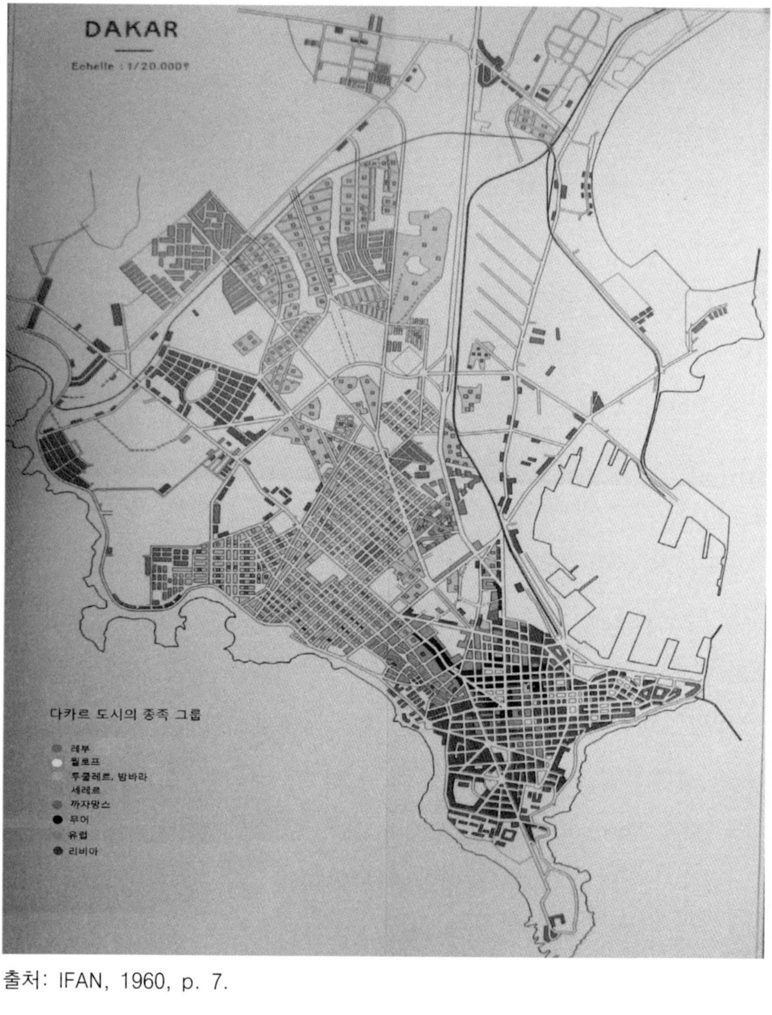

출처: IFAN, 1960, p. 7.

레부 사람들은 다카르의 도시화 이전까지만 해도 까브-베르, 특히 다카르 지역에서 다수 종족이었다. 그러나 1926년에는 레부 사람들이 월로프족, 투쿨레르족 다음 3번째 종족이 되었다. 그뿐만 아니라 레부 사람들은 자신들의 마을에서조차도 소수 종족으로 전락하고 있다. 정부는 독립과 함께 도시 인구의 증가에 따른 도시 개혁이 불가피해졌다. 식민지 시대에는 계절 이주가 많았지만, 독립 이후에는 계절과 무관하게 도시로의 경제 이주가 끊임없이 증가한다. 세네갈 정부는 다카르 수도 근교의 지역을 다카르 행정 구역에 포함시켜 1961년 다카르를 포함한 6개 구(區)로 개편하였다. 이때 요프는 처음으로 다카르 행정 구역에 포함되었고, 이후 다카르 도시 계획에 직접적인 영향을 받는다. 모든 행정, 산업과 경제가 다카르에 집중되어 있기 때문에 도시로의 이주 증가는 오래전부터 불가피했다. 새로운 도시 개발은 다카르 근교가 우선 대상이 될 수밖에 없었다. 세네갈 정부는 도시의 인구 집중을 막기 위해서, 요프에서 멀지 않은 곳에 이주민 정착지를 만들어 놓고 강제로 퇴거시킨다.

요프는 이러한 현상으로부터 피할 수 없는 지정학적 위치에 있기 때문에 더욱 직접적인 영향을 받고 있다. 하지만 다른 한편으로는 다카르 근교의 새로운 경제 활동의 중심지가 될 수 있는 지정학적 이점도 간과할 수는 없었다. 따라서 전통과 현대

사이의 레부 사람들의 인식은 다카르 도시화에 영향을 미칠 것으로 보인다. 왜냐하면, 까브-베르에서 레부 사람들은 점차 소수로 전락하고 있지만, 요프는 여전히 레부 사람들의 전통을 지켜주고 다카르의 역사적 정체성을 유지해주는 유일한 공간이기 때문이다. 레부 사람들의 보수주의적 성향과 현재 권위에 복종하지 않으려는 태도는 요프의 발전을 가로막는 요인이기도 하다. 그럼에도 그들의 이 같은 태도는 외부 문화와 영향에 대해 자신들을 지킬 수 있는 유일한 방편이기도 하다.

'요프 공간의 가치가 이전만큼 유지되고 있다'고 생각하는 레부 사람들은 설문 조사 대상자의 50%뿐이다. 34%에 해당하는 17명은 '요프 공간이 이전만큼 유지되지 못하다'고 생각하고 있다. 그들의 견해에 의하면 이러한 현상의 가장 근본적인 원인은 '전통 문화에 대한 무관심'이었고, 그 다음은 '사람들의 사회 공동체 무시 및 경제적 가치의 변화 때문'이었다. 필자의 견해로는 요프가 지정학적으로 다카르 수도 근교에 있기 때문에, 도시 확장으로 인한 영향력이 앞에서와 같은 인식을 하게 했을 것으로 보인다. 예를 들어 설문 조사 대상자 50명 중 42명(84%)이 '다카르의 도시화가 요프의 문화적 정체성에 영향을 미쳤다'고 생각하고 있다는 점이 이를 잘 입증한다. 즉 같은 다카르 근교인 은고르, 레잘마디에스 그리고 우아캄 지역에서 도시화가 상당부분이 진척되었다. 따라서 요프의 레부 사람들이 도시화에 대해서 유독 걱정하고 있는 것은 당연한 것 같다.

2. 요프의 생활공간

사람에게 있어서 공간은 가족, 친족, 종족, 종교 등의 다양한 영역에서 사회관계가 형성되는 물리적이면서도 문화적인 공간이다. 필자는 50명의 레부 사람들을 대상으로 한 설문 조사에서 5개 항목을 미리 제시하고 '공간은 무엇이라 생각하는가?'에 대한 인식을 조사하였다. 그 결과 〈표 9〉에서 보는 것처럼 응답이 매우 다양했는데, 공간이 '문화적'이라 응답한 사람이 21명(42%)으로 가장 많았고, '사회적 위치'라고 응답한 사람은 19명(38%)으로 두 번째로 많았다. 이는 레부 사람들이 요프라는 공간을 그들의 문화와 밀접한 관련이 있는 물리적 공간으로 인식하고 있음을 의미한다.

〈표 9〉 공간에 대한 인식 조사

당신은 공간을 무엇이라고 생각하는가? (단위: 명)					
문화적 공간	사회적 위치	경계	타인으로부터 보호	아무것도 아님	무응답
21	19	2	7	0	1
42%	38%	4%	14%	0%	2%

요프의 레부 사람들의 생활공간은 크게 두 개로 나누어진다. 하나는 이미 언급한 7개의 전통 마을을 중심으로 형성되어 있는 전통적인 공간이고, 다른 하나는 수도 다카르의 도시 확장 및 신도시로 조성된 현대적 공간들을 말한다(〈지도 8〉 참조).

현대적 공간들은 은고르(Ngor) 도로의 주변과 그 안쪽으로 형성된 신도시 지역을 말한다. 특히 전통 마을이 집중된 은벤겐느 서쪽에 있는 통고르(Tonghor)는 프랑스의 휴양지 니스(Nice)처럼 해변에는 현대식 건물들이 들어서 있다. 그리고 화려하지는 않지만, 그럴듯한 파라솔들이 해변을 따라 가지런히 놓여 있고, 몇몇 백인과 일부 흑인이 한가히 일광욕을 즐기는 모습을 볼 수 있다.[25] 요프의 전통 공동체에서 1.2㎞ 정도밖에 떨어지

25) 프랑스에서 유학한 필자의 경험에 의하면, 이러한 파라솔은 그렇게 화

지 않은 통고르 지역은 점차 현대 도시로 변모하고 있다. 이곳 사람들은 이 지역을 버버리 힐스(Beverly Hills)라고 한다. 전통 마을이 있는 지역과 다르게 도로가 약 15미터 정도로 넓으며 잘 포장되어 있다. 이 넓은 도로 양쪽에는 깨끗하게 단장된 높은 담장과 2~3층 구조로 된 유럽식의 고급스러운 주택들이 잘 다듬어진 조경과 함께 가지런히 놓여 있다. 일부 건물 대문 옆에는 잘 손질된 화단들이 놓여 있어, 프랑스 파리 남부의 부촌(富村)들이 있는 주택가와 거의 흡사하다.

통고르 고급 주택가. 건축된 지 얼마 안 되어 보이는 주택가에 고급 승용차들이 주차되어 있음.
2012년 7월 12일 촬영.

통고르의 대표적인 대로(大路). 모래로 잘 안보이지만 주택가 안쪽까지 포장되어 있다. 하지만 길에는 사람들이 별로 없다.
2012년 7월 12일 촬영.

려하지 않았지만(필자가 판단하기에는) 레부 사람들이 서양식 문화를 즐길 수 있다는 점에서 니스에 펼쳐진 파라솔보다는 더 가치 있을 것으로 생각된다.

이 넓은 주요 도로들은 마을 안쪽 깊숙이 뻗어 있는 길과 곧게 연결되어 있다. 고급 주택을 옆에 끼고 이 길을 따라서 좀 더 안으로 들어서면 고급 승용차들이 광택을 내며 주차되어 있는 모습을 쉽게 발견하게 된다. 하지만 이러한 고급 주택들의 문들은 하나같이 꽁꽁 닫혀 있고, 길에서 노는 아이들은 물론이거니와 문 앞에서 모여 담소를 나누는 사람들조차 없이 썰렁하였다. 기껏해야 가게 혹은 고급스러운 레스토랑 근처에서 사람들을 만날 수 있을 정도로 인적이 드물었다.

건설 중인 현대식 아파트. 요프 마을 주위에는 이와 같은 현대식 아파트들이 넓은 도로를 따라 들어서고 있다.
2012년 7월 12일 촬영.

건설이 중단된 공사현장. 이와 같은 아파트들이 여러 곳에 방치되어 있어 요프의 경관을 해치고 있다.
2012년 7월 12일 촬영.

이처럼 현대화된 마을에서는 아프리카의 옛 정취뿐만 아니라 공간의 역사성도 거의 찾을 수 없었다. 넓은 도로와 굳게 닫힌

대문들은 이웃 간의 소통이 제대로 이루어지지 않고 있음을 입증한다고 볼 수 있다. 이곳에 사는 주민 대부분은 도시에서 활동하는 부유층이고, 저녁 늦은 시간에 귀가하기 때문에, 이러한 공간에서의 소통과 유대는 자신들의 가족을 중심으로만 이루어진다.

반면, 음벵겐느 중심으로 형성된 요프의 전통 공간은 신도시 지역과는 매우 대조적인 경관을 보여준다. 대부분의 아프리카 전통사회에서 토지는 종족 혹은 혈연 공동체에 속해 있기 때문에, 공동체의 주거 형태는 대부분이 가족에 양도된 토지의 크기와 유형에 따라 다르다. 특히 증가한 가족의 수로 인해서 한정된 공간에서 다양한 주거형태와 도로가 만들어지게 된다.

요프 전통 마을에는 폭이 1미터 약간 넘는 좁은 골목들이 사방팔방으로 복잡하게 연결되어 있다.
2011년 7월 19일 촬영.

좌측 사진의 도로보다는 폭이 약 3미터로 넓다. 하지만 모래가 두껍게 깔려 있어 자동차는 진입할 수가 없다.
2011년 7월 20일 촬영.

따라서 모든 토지 양도는 마을 중심을 축으로 분배되고, 분배된 토지에 따라서 가지각색의 주거 형태가 만들어졌고, 지금도 만들어지고 있다. 요프의 7개의 전통 하위 마을에는 팬츠라는 중심 구역이 있는데, 이 팬츠를 중심으로 도로와 주거 형태가 형성된다. 이러한 전통적인 주거 형태가 오늘날 요프의 도로가 좁거나 꾸불꾸불한 형태를 띠게 한 요인이기도 하다.

요프 전통 마을에서 가장 넓은 도로. 이 도로는 가로질러 해안까지 뻗어 있다. 현재는 모래에 덮여 포장도로가 잘 보이지 않지만 20인승 버스가 들어온다. 2012년 7월 12일 촬영.

2년 동안 두 차례 현지 조사를 시행한 경험이 있는 필자는 요프 전통 마을의 도로가 마치 미로와 같아서 혼자서는 도저히 찾을 수 없을 정도로 복잡하다는 것을 매번 느끼곤 한다. 건물 틈 사이로 나 있는 어느 좁은 골목은 폭이 1미터가 겨우 될까 말까 한다. 필자는 '이러한 좁은 골목을 이리저리 몇 십 분 걷다 보면 넓은 길이 나오겠지'라고 생각했다. 그러나 넓은 길은 나오지 않고 꾸불꾸불한 골목이 계속 이어졌다. 필자는 현재의 위치를 확인하기 위해서 지도를 한참 동안 들여다보았으나, 그 위치를 도저히 찾을 수가 없었다.

무계획적인 건축형태. 이 골목은 사람이 겨우 다닐 수 있을 정도로 아주 비좁다. 건물들이 도로 기능을 완전히 무시하고 들어선 것 같다.
2012년 7월 20일 촬영.

요프 마을의 대표적인 골목. 이 골목에서는 사람들의 이야기가 항상 정답게 이어지는 공간이기도 하다. 하나같이 대문을 찾아볼 수가 없었다.
2012년 7월 20일 촬영.

하지만 이러한 좁은 골목들은 레부 사회 구조가 친족관계로 이루어졌다는 점을 고려해 볼 때, 오히려 이러한 골목들이 친족 간의 왕래를 쉽게 해준다는 것이다. 단 몇 초 정도면 길 건너편의 친족을 쉽게 찾아갈 수 있다. 한가한 시간에 골목길을 가운데 두고 즐겁게 담소하는 모습이 시골의 정취를 그대로 보여주기도 한다. 필자는 이 골목의 기능을 통해서 이들의 공동체적 삶의 형태가 그대로 녹아 있는 느낌을 받을 수 있었다. 이러한 이유로 요프의 레부 사람들은 생활의 불편함을 감수하고 요프의 현대화를 반대하는 것일지도 모른다.

현대식 건물. 도로를 사이에 두고 들어선 주택의 모습은 오른쪽의 사진에 있는 건물들과는 대조적이다.
2012년 7월 20일 촬영.

오래된 건물. 왼쪽 사진과 달리 건물들이 허름해 보인다. 이 건물 건너에는 왼쪽 사진의 건물들이 들어서 있다.
2012년 7월 20일 촬영

20세기 이후, 요프 근교에 있는 마을들은 요프 공동체에 속하지 않게 되었다. 1970년대 요프 마을에는 레부 사람들이 약 90%이었는데 1997년에는 52.3%로 감소하였다. 1997년 기준으로 요프의 인구 구성은 레부 52%, 월로프 28%, 세레르 15%, 기타(투굴레르, 디올라, 만딩그, 사라코레, 밤바라 등) 15%로 되어 있다. 따라서 레부 사람들은 요프 마을 특히, 전통 마을에서 태어나 사는 '진정한 요프 사람'들을 원하고 있다. 이것은 한편으로는 자신들의 정체성을 유지하고, 외부에서 태어나 요프 마을에 거주하는 사람들에 대한 배척을 의미한다고 하겠다.

〈지도 8〉 요프 마을의 도시화 상황

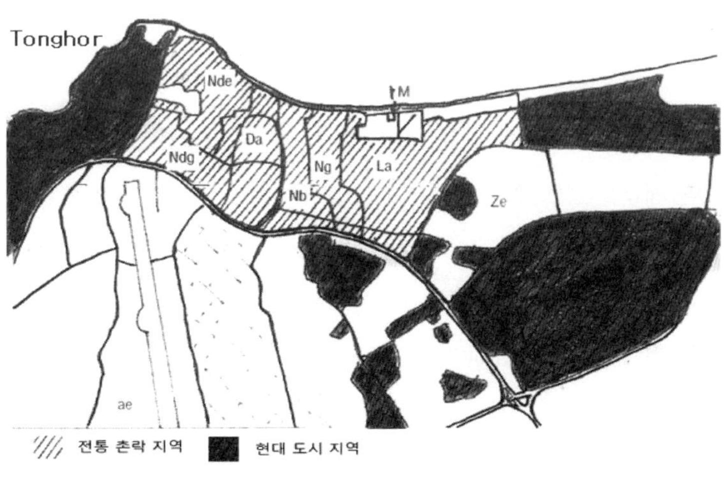

Nde(Ndenatte) Ndg(Ndeungage) Da(Dagoudane)
Nb(Mbenquene) Ng(Ngaparou) La(Layene)

출처 : Dumez 2000, p.31. 독자들의 이해를 위해 필자가 지도 일부분을 수정하여 별도의 보기를 만들었음.

현재 전통 마을에 거주하는 요프 사람들은 마치 자신들이 비(非)레부 사람들에 의해 둘러싸여 있다고 생각하고 있다. 비레부 사람들의 이주와 요프 사람들의 정치적 영향력에 대한 배제는 다카르 도시의 확장을 위한 정부의 의도적인 계략이라고 여기고 있을 정도로, 정부에 대한 반감도 크다.

이러한 반감은 자신들의 전통을 더욱 지켜내려는 의지로 나타난다. 즉 어떤 정치적 시위가 아닌 자신들의 전통 마을로 들어가는, 피신 형식으로 나타나고 있다. 그러므로 '전통 마을의 공간적 변화에 대해서 두려움을 가졌는지'에 대한 질문에서, 전체 응답자 중의 68%가 '그렇다'고 답하였다. 이러한 점에서 요프의 레부 사람들은 매우 보수적인 성향을 가지고 있다고 어느 정도는 판단할 수 있다. 이러한 현상은 "요프 마을이 온전한 상태로 보존되고 있다고 생각하는가?"라는 질문에 대한 응답을 통해 더욱 선명하게 입증된다. 즉, 이 질문에 대해 전체 응답자의 절반인 25명만이 '그렇다.'라고 대답했다.

제6장

레부 사람들의 요프 이야기

2012년 7월 12일부터 16일까지 필자는 요프의 레부 사람들의 살아있는 이야기를 듣기 위해서 10명을 대상으로 인터뷰를 시행하였다. 요프의 인구가 6만 명이라는 사실을 고려하면, 10명의 제보자를 통해 이 지역에 대한 균형 잡힌 이야기를 듣기에는 상당한 무리가 있다. 하지만 이 인터뷰는 50명을 대상으로 실시했던 설문 조사에 대한 구체적인 사실 접근을 위한 것이다. 따라서 필자는 인터뷰를 통해서 레부 사람들이 자신들의 거주 공간에 대해서 어떤 생각을 가졌는지를 어느 정도 가늠할 수 있었다고 생각한다.

본 설문지는 3개 분야의 22개 문항으로 구성되어 있다. 첫 번째 분야는 '공간 개념'에 대한 주민의 인식, 둘째는 요프 마을 내력과 변화에 대한 인지도를 측정하는 '역사성', 그리고 마지막으로는 요프 전통 마을의 가치 및 변화 요인에 대한 '정체성'에 대한 것이다.

이브라힘 음벤그 현지보조원이 요프 주민에게 설문을 요청하는 모습. 대부분 설문 조사들은 집 밖에서 실시되었다. 2012년 7월 12일 촬영.

애당초 설문 조사 대상은 요프에 대한 역사적 인식과 변화의 세대를 거친 50세 이상의 주민이었다. 하지만 현지보조원의 실수와 설문 대상자가 50세 이상이 아니더라도 '레부 사람으로서 이 설문에 꼭 참여하고 싶다'는 의사를 표명한 사람들을 참여시킨 결과, 50세 이하가 전체 설문 대상자의 10%를 차지하게 되었다.

〈표 10〉 설문 조사 대상의 연령 분포

(단위: 명)

	50세 이하	50세 이상	무응답
연령	5	42	3
%	10%	84%	6%

설문 대상자들의 교육 수준은 전반적으로 낮은 편이었다. 무학자가 전체의 83%이고 중 · 고등 교육을 받은 응답자는 26%(13명)이다. 고졸 이상은 전체 설문 대상자 중 6명으로 아주 소수였다. 요프는 다양한 교육 시설을 갖춘 다카르와 20㎞밖에 떨어져 있지 않음에도 고학력자가 소수다. 왜냐하면 요프가 전형적인 레부 사람들의 전통 마을이면서도 마라부를 통한 이슬람을 신봉하고 있어서 현대식 교육에 대한 필요성을 크게 느끼지 않았기 때문이다. 또 다른 이유는 필자의 안전상 문제로 고학력자들이 귀가하는 저녁 시간 이후에는 설문 조사가 불가능했기 때문에 고학력자들의 참여가 적을 수밖에 없었다.[26] 공무원과 회사원의 근무시간은 노동법에 따라서 오후 5시경에 끝나야 하지만, 저녁 8시경에 끝나는 경우가 많다고 한다. 특히 자영업자들은 보통 저녁을 9시 이후에 한다.

---

26) 외국인들은 현 주민을 동반하지 않는 한 대부분 아프리카 도시 혹은 지방에서 해 떨어진 이후의 활동은 신변 안전을 위해 자제하는 편이다. 세네갈 다카르도 예외는 아니었다.

〈표 11〉 직업 분포

구분	관리*	육 체 노동자	사무원	공무원	기타	무응답
직업 (명)	3	17	13	9	5	3
비율 (%)	6%	34%	26%	18%	10%	6%

* 관리 직업은 집, 가게, 회사 등에서 경비 업무에 종사하는 사람.

인터뷰는 요프에서 영향력을 가진 유지 혹은 촌장을 중심으로 실시하였다. 하지만 인터뷰 기간이 세네갈 라마단 기간이라서, 마을 지도자들과의 인터뷰를 제대로 실행하지 못하였다. 따라서 나이가 지긋해 보이는 일반인을 수소문하여 인터뷰에 참여시켰다. 인터뷰에서 가장 중요한 것은 면접 대상을 잘 선정하여 면접을 시행하는 것이며, 그 다음으로 중요한 것은 언어이다.

〈표 12〉 인터뷰 대상자 인적사항

성명	출생 년도	성별	결혼여부	교육 수준	사회적 지위
Oumar Ngalla Gueye	1950	남	기혼	초졸	디암부르 의원
Codé Sall	1959	남	기혼	초졸	촌장
Binta Gueye	1958	남	기혼	초졸	주민
El Hadj Ibrahima Tanor Diouf	1923	남	기혼	대학 수준	촌장
Abja Binta Ndoye	1947	여	기혼	무학	주민
Thiom Libasse	1958	남	기혼	초졸	-
Soda Wade	1960	여	기혼	초졸	주민
Chérif Sall	1957	남	기혼	고졸	주민
Mamadou Ndiaye	1952	남	기혼	초졸	촌장
M'Bor Faye	1948	남	기혼	대학 수준	디암부르 의원

대부분 아프리카 국가들은 공용어를 한 두 개씩 사용하고 있다. 세네갈은 프랑스어가 공용어이다. 다른 프랑스어권 아프리카 국가들과 비교하면 세네갈 사람들이 프랑스인과 가장 가깝

게 프랑스어를 구사한다고 한다. 하지만 세네갈 일반인들이 주로 사용하는 언어는 월로프 언어이기 때문에, 프랑스어로 인터뷰할 기회는 거의 갖지 못했다. 간단한 인사 및 소개 정도는 프랑스어로 가능했다. 하지만, 본격적인 인터뷰를 할 때는 대부분이 월로프어로 인터뷰하기를 원했다. 아마도 좀 더 친숙하고 쉽게 자신의 의사를 표현하려고 한 것 같다.

1. 우마르 은갈라 계예(Oumar Ngalla Gueye)

오마르 은갈라 계예(남, 62세)는 요프 마을의 촌장의회와 같은 디암부르 위원이며, 일반적으로 사람들은 그를 마을 향토사로 부른다. 다카르 대학의 동료 교수 카의 도움을 받아 인터뷰 전에 그와 여러 차례 전화 통화를 한 후에야 인터뷰를 할 수 있었다. 그는 영향력을 가진 마을 유지답게 현대식 2층 건물을 소유하고 있었다. 그 건물에는 자신의 친족 식구 20명이 살고 있다고 한다.

계예 테라스에서의 인터뷰 장면. 왼쪽에서 두 번째가 향토사 오마르 은갈라 계예이며, 가운데 넥타이를 맨 음벵그 현지보조원이 월로프어로 인터뷰를 진행하였다. 2012년 7월 14일 촬영

무더운 날씨와 처음 방문하는 아시아인을 배려해서인지 계예는 자신의 집 어귀에 있는 골목까지 나와서 우리를 맞이하고 2층 테라스로 안내하였다. 좁지만 깨끗하게 청소된 계단을 오르니 두 평 정도로 보이는 테라스 공간이 나타났다. 이 테라스는 마치 마을 사람을 내려다보듯이 창문 없는 상태로 길 쪽으로 향해 있었다. 테라스에 앉아 있으니 길 가는 사람들의 대화가 마치 옆에서 들리는 듯하였다. 평소에도 많은 사람이 오가는 것처럼 느낄 정도로 테라스에는 10개 정도의 간이 의자가 쌓여

있다.

계예는 '레부 공동체가 어떤 역사적 의미를 갖느냐?'라는 질문에, 월로프어로 "라카 토페 마크 돔 토 바예"(rakka tope makk, doom top baye)라고 답하였다. 즉 "상하 관계없이 친족 간에는 항상 상호 존중하는 것"이 레부 공동체의 미덕이라고 한다. 그러므로 레부 사람들은 식민지 시대에도 아이들을 프랑스 학교에 보내지 않고 코란 학교에 보냈다는 것이다. 이것이 진짜 레부인을 육성하기 위한 것이라는 것이다. 그래서 요프는 레부의 정치적, 문화적 정체성을 유지할 수 있는 유일한 마을이라는 것이다. 이곳에 정착한 이후 요프는 "모든 레부 사람들의 삶의 터전이고, 요프의 레부 사람들은 지금까지도 전혀 자신들의 정체성을 망각한 적이 없다."고 한다. 그러나 요프 인구의 40%가 25세 이하의 젊은이들이고, 이들은 요프를 향해 점차 밀려오는 도시화의 영향을 받지 않을 수는 없을 것 같아, 계예의 말은 노인들이 마을을 걱정하는 예사말이 아니기를 기대해 본다.

특히 월로프 중심주의(Wolofcentrisme)가 확대되고 있는 점에서, 이 노련한 향토사는 긴 한숨을 쉬며 월로프 중심주의만이 레부 문화를 위협하는 것이 아니라면서 우리에게 조심스럽게 이야기를 들려주었다. 레부는 "강하고 뿌리 깊은 정체성을 가지고 있기 때문에 큰 문제가 되지 않는다."고 한다. 그러면서 그는 “레부 사람들이 바다에 충실하고, 바다를 믿는 만큼 레부 문화는 건재할 수 있다.”고 한다. 하지만 월로프 중심주의가 정부의 정책이라는 것에 대해서는 부정하지 않는다. 레부의 전설, 노래 등을 월로프어로 번역하여 레부 문화를 지켜나가겠다는 이 향토사가의 다짐은 꽤 힘겨워 보였다.

레부 사람의 입장에서는 수긍이 가지만 현실적으로 밀려오는 외부 문화를 대처할 수 있는 묘책은 없어 보인다. 어느 마을이든 그곳에는 중요한 향토사가 있다. 이 향토사를 통해서 마을 전체에 대한 정보를 들을 수 있다고 한다. 우리는 향토사와 인터뷰를 마치고 헤어지려 하는데, 한 현지보조원이 나에게 귓속말로 향토사에게 작은 보답이 필요하다고 했다. 나는 그에게 필자가 서울에서 준비한 국화차를 선물했다. 하지만 향토사에게 필요한 것은 약간의 수고비와 같은 현금이었다. 필자는 황급히 2,000세파(한화 5,000원) 정도를 드렸다. 현지보조원의 말로는 향토사에 대한 이런 행동은 일상적이라고 하면서, 그래야 향토사가 마을 사람들에게 누가 왔다 갔으니 잘 대해주라고 당부해 준다고 한다. 그래서 그런지 몰라도 골목까지 우리를 배웅해 준 그 향토사는 고데 살(Codé Sall)이라는 촌장을 소개해 주었다.

2. 고데 샬(Codé Sall)

최초의 길러리 인터뷰. 왼쪽에 전통의상을 입고 있는 사람이 고데 샬 촌장이다. 2012년 7월 14일 촬영.

1959년 10월 8일 요프에서 출생한 고데 샬(남, 53)은 향토사가 전화로 만나게 해준 촌장이다. 우리는 휴식 없이 고데 샬을 만나기 위해 계예 집을 나섰지만, 길에서 약 30분을 헤맸다. 이곳 출신인 현지보조원 음벤그조차도 꼬불꼬불하고 좁은 골목에서 방향을 잃었다. 고데 샬과 통화를 했지만, 그는 다른 지방으로 개인적인 일을 보러 떠나야 하므로 우리를 더는 기다릴 수 없다고 하였다. 하지만 그를 겨우 설득하여 길거리 채팅하듯이 골목 어귀에서 만나 급하게 인터뷰를 하였다. 이렇게 급하게 할 수 밖에 없었던 것은 라마단 기간으로 인해 지도자급 레부 사람들을 만나기가 더는 어려울 것이기 때문이다. 그는 생각보다 젊어 보였다.

샬은 "레부의 문화적 정체성을 보전하고 유지하는 문제는 더는 노인들의 문제가 아닌 앞으로 요프 마을을 지켜줄 청년들에게 달려있다."는 것이다. 어느 곳에서든 마찬가지이지만, 요프에 사는 청년들은 요즘 현대 문화(현대음악, TV 등)에 푹 빠져있기 때문에 "우리 시대의 문화 장르에는 관심이 없다."고 한다. 그러나 그는 "그들이 언젠가는 스스로 적절하게 행동할 것"이라는 희망적인 의견을 비쳤다.

레부의 역사에 대해서는 오마르 은갈라 계예에게 듣는 것이 자기에게서 듣는 것보다 훨씬 정확하다고 하면서, 그는 황급히 자리를 뜨고 자신의 갈 길로 발길을 재촉하였다. 오마르 은갈라 계예와 약간의 의식 차이가 있어서, '더욱 많은 질문을 통해서 유익한 이야기를 들을 수 있지 않았을까?' 하는 아쉬움이 남았다. 그래서 모든 조사를 마치고 세네갈을 출국하기 3일 전 '혹시 한 번 더 만날 수 있을까?' 하는 희망을 가지고 고데 샬에게 전화를 해보았지만, 그는 필자가 출국한 이후에야 요프로 돌아온다고 하였다.

3. 벵타 계예(Binta Gueye)

어린 시절을 요프에서 보낸 54세 게예(남)는 무학자이며 직업은 어부다. 아직은 어업 성수기가 아니라서 집에서 일없이 한가하게 보내고 있다고 한다. 게예는 앞서 인터뷰한 사람들에 비해서 "식민 지배가 요프의 전통 문화에 크게 영향을 미치지 않았다."고 한다. 오히려 유럽 식민지인이나 레부 사람들은 "서로 자신들의 전통과 문화를 존중하면서 공생했다."고 믿는 편이다. 이처럼, 요프 지역이 조상의 노력으로 오늘날까지도 레부 사람들의 정치적, 문화적 정체성을 간직할 수 있었음을 자랑스럽게 이야기한다. 이곳에서 아이들은 촌장이나 부모로부터 예전처럼 레부 전통에 대해서 배우고 있지만 최근 들어 젊은 세대들이 전통에 대해서 많은 질문과 문제를 제기하고 있다. 이들 청소년들이 세네갈의 교통어인 월로프어를 사용하면서 이런 문제가 점차 늘어나고 있다고 한다. 자신도 월로프에서 많은 단어를 이용해 말을 한다고 한다. 레부 사람들이 사용하는 이들만의 언어가 있지만, 인터뷰를 도와주고 통역하는 현지보조원조차도 레부 단어에 대해서 아는 것이 별로 없다는 것이다. 실질적으로 대부분 학교에서는 월로프어만을 프랑스어와 함께 중요한 언어로 취급하고 있다.

4. 엘 하지브라히마 타노르 디우프 (El Hadjibrahima Tanor Diouf)

엘 하지브라히마 타노르 디우프는 필자가 인터뷰한 사람 중에 나이가 가장 많다. 1923년 4월 23일에 요프에서 태어난 디우프(남)는 89세이며, 식민지시기를 거친 역사적 산 증인이나 다름없었다. 그는 현직에서 은퇴한 촌장이다. 우리는 디우프 친척으로 보이는 사람의 안내로, 어둠침침하고 아담한 2.5평 정도의 응접실로 들어갔다. 이 응접실에는 낡았지만 제법 운치 있어 보이는 여러 개의 소파가 응접실에 빙 둘러 놓여 있었다. 우리는 소파에 앉아서 디우프를 5분 정도 기다렸다. 그의 친척이 선풍기를 틀어주어서 덥지는 않았지만, 방은 어두웠다. 5분이 조금 지나자 응접실과 같이 붙어 있는 침실에서 검은 안경을 쓴 노인 한 분이 지팡이를 짚고 힘겹게 나왔다. 너무 어두워 잘 보이지 않았지만 디우프는 우리를 반갑게 맞이해주는 표정이었다. 그러나 그의 목소리는 힘이 별로 없어 보였다. 디우프를 기다리는 동안 나는 그가 예사분이 아니라는 사실을, 벽 사방에 걸려 있는 사진을 보고 짐작할 수 있었다. 모든 벽면은 이슬람 지도자의 모습을 담은 사진을 비롯한 디우프가 지도자로서 활동했던 사진들(필자가 대략 짐작하기에는)로 가득했다.

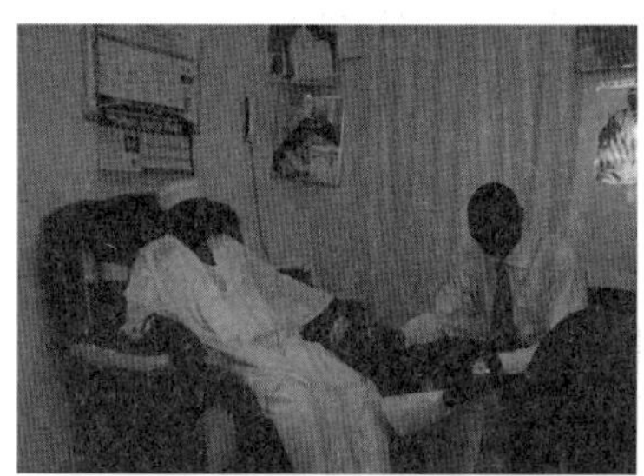

디우프와의 인터뷰. 이슬람 전통의상을 입고 앉아 있는 디우프에서 레부 지도자의 권위적인 모습을 엿볼 수 있었다. 2012년 7월 15일 촬영.

디우프의 활동사진. 벽에 걸린 각 종 사진들은 과거 디우프가 마을에 많은 영향력을 행사했을 것이라 짐작하게 한다. 2012년 7월 15일 촬영.

디우프는 식민지 시기의 레부에 관한 이야기가 나오자 말에 힘이 있어 보였다. 왜냐하면, 필자는 이 분을 통해서 연구 논문에서 거론되지 않은 새로운 이야기가 나오지 않을까 해서, 식민지 시기의 레부의 역사적 의미를 질문하였다. 디우프의 말에 의하면 “식민지 세력과 레부 사람들의 관계는 식민지인들이 자신들을 더 필요로 했기 때문에 평등한 조건에서 협약을 맺었고, 레부 사람들은 자신들의 정체성을 그대로 유지할 수 있었다.”고 한다. 하지만 프랑스 식민지인들은 기독교를 레부 사람들에게 확산시키려 노력했다는 것이다. 그러나 레부 사람들은 자신들의 문화를 쉽게 포기하지 않았고, 그 결과 자신들의 종교를 지킬 수 있었다고 한다.

하지만 최근 확산되고 있는 월로프 중심주의에 대해서는 깊은 우려를 표명한다. 고데 살과 마찬가지로, 그는 무섭게 확산되는 현대 문화의 영향에 대해서 비난한다. "TV와 라디오에서 보여주고 들려주는 레부 2세, 3세의 모습은 레부 사람들의 진정한 모습이 전혀 아니다." 그는 레부의 진정한 모습이 점차 사라지고 있다면서, 젊은이들이 레부 문화에 대한 인식의 변화가 필요하다고 역설한다. 그러면서도 디우프는 "레부 문화가 절대로 사라지지는 않지만 위협을 받고 있다."고 주장한다. 이러한 위협은 설문 대상자 중의 84%가 다카르 도시화의 영향이 레부 사람들의 정체성 변화에 영향을 미쳤다고 응답한 점을 고려한다면, 디우프의 주장은 전혀 근거 없는 이야기는 아니다.

5. 아자 벵타 은도예(Adja Binta Ndoye)

아자 벵타 은도예는 필자가 인터뷰한 레부 여성 중의 한 사람이었다. 레부는 모계 사회이지만 여성이 레부 공동체의 지도자 역할을 하는 것은 아니다. 비록 레부 여성들이 무슬림이기는 하지만 경제 활동을 주도하고 있으며 투르 제례에서 중요한 역할을 한다. 필자가 인터뷰한 아브자 벵타 은도예는 1947년 요프에서 출생(65세)하였으며, 식민지시기를 경험한 여성 원로나 다름없다. 특히 자신은 요프 전통 제례에서 활동한 적이 있다면서, 마을 문제에 대해서는 자신 만큼 아는 여성이 없다고 하였다.

은도예 가족과 필자. 필자 가운데에서 왼쪽이 아브자 빈타 은도예이며 오른쪽은 은도예의 사촌으로 은도예에 집에 잠시 머물고 있다고 한다. 2012년 7월 14일 촬영.

은도예는 4평정도 되어 보이는 방이 하나밖에 없는 단층집에 살고 있다. 은도예, 사촌, 필자, 4명의 현지보조원을 포함하여 총 7명이 방에 앉으니 비좁아 보였다. 은도예는 더운데 고생한다며 줄 것이 없다며 냉장고에서 냉수를 우리에게 대접하였다. 요프에서 설문 조사와 인터뷰를 하면서 요프 주민에게 음료수를 대접받은 것은 이번이 처음이었다.

은도예는 레부 문화의 역사적 의미에 대해서 교육 문제를 서두로 꺼냈다. 즉 식민지 이전의 교육은 식민지 시기의 교육과 전혀 달랐다는 것이다. 그녀에 의하면, "식민 지배 이전에 아이들은 노인들의 말을 존중했으면 주의 깊게 들었고, 식민 세력에 대한 복종에는 신중했다."는 것이다. 그러나 독립 이후, 노인들의 말에 거의 경청하지도 않고 존중하지도 않는다는 것이다. 그녀의 견해에 의하면 "사람들이 자기가 하고 싶은 것을 이제는 마음대로 하고 있기 때문에, 레부 문화의 정체성 문제는 점점 심각해지고 있다." 하지만 요프 마을은 레부 전통과 문화의 요람이기 때문에 요프는 문화적 정체성의 강화는 언제든지 가능하다고 한다. 레부 사람들에게 있어서 문화는 다른 어느 것보다 중요하다는 것이 강조됨을 알 수 있다.

설문 조사의 항목 중에서 '어떤 방법으로 요프 사람들은 자신들의 정체성을 유지한다고 생각하는지'에 대한 항목이 있다. 이 질문에 대해, 전체 응답자의 80%가 '전통 문화의 강화'와 '전통 사회 재조직'이라고 답하였다. 전체 응답자의 64%가 '전통 문화 유지'에 찬성 의사를 표시하였다. 이러한 점에서 레부의 요프 사람들은 전통 문화에 대한 애착이 강함을 인지할 수 있었다. 요프의 주변 마을들에 현대식 건물이 들어서고 있음에도 '요프 마을의 현대화'에 대해서는 전체 응답자의 12%에 해당하는 6명만이 찬성하였다. 이는 요프 사람들에게는 마을이 현대화되어 전기와 수도 공급이 잘되고 편안한 도시 공간이 만들어지는 것 보다는 자신들의 전통 문화의 가치가 훼손되는 것에 대해 더 불안해하고 있다는 것임을 입증한다고 생각된다.

6. 리바스 티옴(Libasse Thiom)

제법 깨끗해 보이는 건물의 마당을 들어서자 30~40세 정도 보이는 한 여성이 우리를 안으로 안내하였다. 약간 어둡지만, 햇살이 비치는 좁은 복도로 안내되었다. 제법 정리된 건물 같아 이제껏 방문했던 집들과는 다른 느낌이 들었다. 역광이라서 그런지 실내는 잘 보이지 않았는데 복도 끝에 검은 색안경을 낀 남자가 손을 들어 우리를 반겨주었다. 하지만 인터뷰에 대해서는 그렇게 달가운 표정은 아니었다. 프랑스어로 간단히 필자를 소개하고 현지보조원이 월로프어로 인터뷰에 들어갔다. 리바스 티옴(남, 54)의 대답은 꽤 짤막했다. 중간 중간에 현지보조원에게 프랑스어로 인터뷰를 길게 끌어가도록 유도했지만 큰 효과는 보지 못했다.

벵타 게예의 인터뷰에서처럼 식민지시기에 조상의 덕으로 오늘까지도 요프가 레부의 전통 마을을 지킬 수 있었다는 것에는 꽤 자부심을 느끼는 것 같았다. 하지만 그는 “젊은 세대들이 우리 전통 마을을 어떻게 유지해 나갈지는 걱정”이라고 하면서

이 모든 원인을 "현대화"에 돌렸다. 이미 필자가 본문에서 언급했듯이 요프 지역으로 점점 확대되는 다카르 도시화와 생활의 현대화가 요프의 물질적 변화뿐만 아니라 문화적 변화에도 많은 영향을 미칠 것으로 짐작케 하는 대목이 아닌가 한다. 하지만 티옴은 "오늘날 다카르가 있기까지는 요프가 있었기 때문이 아니냐"면서 요프에 사는 레부 사람들의 자긍심을 표시했다. 하지만 요프가 어떤 역할을 했느냐에 대해서는 대답 대신에 가벼운 웃음으로 대신하였다. 그의 야릇한 웃음이 인터뷰 동안에 계속 필자의 머릿속을 떠나지 않았다. 하지만 10명의 인터뷰 중에서 요프를 다카르와 연결하여 응답한 사람은 처음이자 마지막이었다.

다음 3차년도 연구에서 이 부분에 관한 연구를 심화시켜 인터뷰를 할 필요가 있지 않나 싶다. 티움과의 인터뷰를 마친 우리는 고맙다는 인사를 나누고 헤어졌다. 하지만 티움은 우리가 처음 봤을 때의 모습으로 두 개가 겹쳐진 딱딱한 플라스틱 의자에 앉아 마치 아무 일도 없었던 것처럼 빛이 들어오는 복도 끝을 주시하고 있었다.

7. 소다 와드(Soda Wade)

소다 와드는 두 번째로 인터뷰한 레부 여성이다. 다른 인터뷰 대상자 중에서 나이가 제일 젊은 52살이었다. 원래 인터뷰를 하려고 했던 여성은 아자 니아니아 은도예(Adja NiaNia Ndete)로 와드보다는 세 살 많았다. 하지만 인터뷰를 시작할 무렵에 한 젊은 여성이 원인모를 이유로 쓰러졌기 때문에 치유하러 간다고 하여 인터뷰는 중단되었다.

와드와의 인터뷰와 상점. 와드는 인터뷰 동안에 활짝 웃는 모습으로, 아니 웃으면서 응답해 주었다.
2012년 7월 16일 촬영.

인터뷰하기 전 은도예와의 사진촬영. 현지보조원이 녹음을 준비하였지만 환자 치유로 인터뷰는 중단되었다.
2012년 7월 16일 촬영.

우리는 은도예를 따라나섰다. 마당 한가운데 젊은 여성이 괴로운지 몸을 구부린 상태로 누워있었고 주위에는 나이가 들어 보이는 5명의 여인이 원을 그리고 앉아 있었다. 하지만 사태가 심각한지 은도예는 인터뷰는 다음에 하자고 한다. 우리는 어떻게 치유하는 지를 관찰하려고 했지만 은도예의 요구로 아쉽게도 아무런 결과도 얻지 못하고 현장에서 떠나야 했다.

운도예는 자기 대신에 와드를 소개해 주었다. 그녀는 3미터 정도로 넓어 보이는 도로변에서 다양한 실과 옷감을 팔고 있었다. 굉장히 활달해 보였으며, 인사만 해도 뭐가 그리 좋은지 항상 웃는 얼굴로 우리를 맞이해주었다. 와드는 요프에서 2대째 이런 장사를 하고 있다고 한다.

와드는 레부 사람들이 자신들의 전통과 정체성을 유지할 수 있었던 것은 조상이 프랑스에 동화되지 않았기 때문이라는 것이다. 다른 인터뷰 대상자들과 마찬가지로 조상에 대한 이들의 신뢰는 매우 강했다. 물론 조상 숭배에 대한 강한 의지도 있다. 하지만 또 다른 이유는 사회적 관계를 유지해주는 가족 간의 모임이 잘 조직되어 있고, 수시로 모일 수 있기 때문이라고 한다. 하지만 현대에 들어와서는 이러한 가족 관계가 점차 무너지고 있다는 것이다.

와드는 월로프어의 확산이 이러한 원인 중의 하나라고 말한다. "요즘 요프에서 레부어를 말하는 사람들이 점차 줄어들고 있다." 이러한 현상은 무엇보다도 "레부 사람과 타지 사람 간의 결혼" 때문이라는 것이다. 그뿐만 아니라 와드에 의하면 "아이들이 학교에서 월로프어만 배우지 레부 언어를 배우지 않는다."는 것이다. 또한, 아이들이 월로프 친구들과 함께 지내기 때문이라는 것이다. 그러면서도 와드는 레부 언어는 절대로 사라지지 않을 것이라고 강한 어조로 답한다.

와드와 인터뷰하는 중에 친구들이 많은지 가게를 지나가던 친구들이 손짓하며 웃느라 인터뷰 시간은 길었지만 정리된 내용은 많지 않았다. 그러나 레부 여성들의 활발하고 유쾌한 일상적 모습들은 다카르 도시에서 봤던 여성들과는 사뭇 달랐다. 차후 연구를 생각하면 걱정이 앞섰지만 왠지 기분은 좋았다.

8. 세리프 샬(Chérif Sall)

세리프 샬(남)은 56살이며 직업은 어부다. 자신을 위한 마당도 없는 단층짜리 시멘트 건물에 살고 있는데, 방문을 나서면 바로 사람들이 다니는(자동차는 다닐 수 없다.) 도로다. 방문은 잘 비치지 않는 천으로 늘어뜨려져 있었다. 방안에는 빛이 없어서 그런지 잘 보이지 않았지만, 단칸방에 살고 있는 것 같았다. 인터뷰는 그늘도 없는 문밖에서 서서 할 수밖에 없었다. 낮 2시라 그런지 이날은 유독 날이 더웠다.

샬도 역시 식민 지배가 레부 정체성과 전통 문화에 미친 영향은 그다지 크지 않다고 주장한다. 그에 의하면 "식민 지배는 원하는 목적을 요프에서 달성할 수 없었다."고 한다. 왜냐하면, 그는 선조가 "레부 전통과 정체성을 적극 보호하였고, 선조 덕분에 지금 우리의 전통이 존재하고" 있었기 때문이라는 것이다. 이처럼 샬은 레부 문화의 자긍심과 강함을 매우 긍정적으로 보고 있다. 즉 월로프어가 요프에서 활성화되고 있음에도 샬은 "레부의 문화는 절대 없어지지 않는다."는 것이다. 왜냐하면, 레부 사람들은 자신들에 대한 강한 믿음이 있기 때문이라는 것이다. 따라서 어떠한 일이 일어나고, 닥쳐도 레부 사람들은 항상 레부 사람으로 남아있을 것이라는 것이 그의 마지막 답이었다.

비록 따가운 햇볕 아래 서서 짧은 시간의 인터뷰를 힘겹게 끝냈지만, 또 다른 형태의 레부 사람들의 자긍심을 충분히 읽을 수 있었다고 생각한다.

9. 마마두 은디아예(Mamadou Ndiaye)

은디아예(남, 60)는 1952년 요프에서 태어나 어린 시절을 요프에서 보낸 마을 촌장이었다. 촌장과의 인터뷰라서 그런지 순식간에 동네 사람 십여 명이 나무 아래로 모여들었다. 이들은 인터뷰가 끝날 때까지 떠나지 않고 인터뷰를 아주 신중하게 경청하기도 하였다. 은디아예는 요프에 대한 프랑스 식민 지배에 대해서는 촌장을 지낸 다른 인터뷰 대상자들과 비교하면 매우 비판적이었다.

마을 사람들과의 인터뷰. 가운데 검은 안경을 끼고 옅은 노란색 전통의상을 입고 있는 사람이 마마두 은디아예이다. 인터뷰가 시작되자 옛 촌장 주위로 동네 사람들이 둘러앉았다. 2012년 7월 16일 촬영.

은디아예는 식민 지배가 레부에 미친 영향에 대한 질문에 대해서는 망설임 없이 비판의 목소리를 내었다. 그에 의하면 "식민 정부는 레부 사람들에게 세금을 강요했고, 세금 미납자의 토지를 강탈했다."는 것이다. 그런데 오히려 이러한 식민 정부의 행위로 "레부 사람들은 토지를 빼앗긴 이웃에게 토지를 나누어 주면서 레부 공동체가 더욱 단결될 수 있었다."는 것이다. 이는 지금은 상상할 수 없는 일이지만, 이런 형제애가 레부의 정체성과 전통 문화를 유지할 수 있게 하는 원동력이 되었다는 것이다. 특히 레부 전통 문화를 유지 시켜주는 가장 중요한 원동력은 "토지"라면서 토지에 대한 중요성을 역설하였다. 레부 조상이 이곳에 정착한 것은 독립된 토지와 풍부한 어족 자원이 있었기 때문이었다면서 재차 토지에 대해서 말했다.

인터뷰에서 가장 중요한 주제가 되었던 요프 전통과 문화에 대한 외부 영향력(예를 들어, 다카르 도시화, 월로프어 확산)에 관해서 그는 크게 걱정하지 않았다. 왜냐하면, 레부 사람들은 자신들의 언어, 문화, 전통을 강화하기 위해서 요프에 정착한 것이기 때문이라는 것이다. 그에 의하면, 레부의 전통 문화와 정체성 유지에 대해 일부에서 우려하고 있는 것만큼-"당신처럼" (여기서 당신은 필자를 두고 한 말이다)-크게 문제가 되지 않는다. "변화의 물결이 우리에게 닥치면 닥칠수록 우리의 전통 문화와 정체성은 더 강해진다."

10. 음보르 파예(M' Bor Faye)

우리는 오랜만에 집안에서 인터뷰할 수 있었다. 세레르 출신 아버지와 레부 어머니 사이에서 태어난 음보르 파예(남, 64)는 처음 인터뷰했던 향토사 오마르 은갈라 계예가 소개한 사람으로 대학 수준의 학력을 가졌으며, 요프의 협의체 기구인 디앙부르의 위원을 지냈다. 집은 깔끔하게 정돈되었으며 응접실과 침실이 이중으로 된 커튼 칸막이로 나누어져 있었다. 사생활과 관련되어 있는 것 같아서 촬영하지는 않았지만 높이 150㎝, 폭이 60㎝ 되는 진열장에는 다양한 식기들이 가지런히 놓여있었다. 45분 동안 진행된 이번 인터뷰는 필자와 직접 프랑스어로 진행되었으며 후반에는 연구보조원이 참여했다. 파예는 본 인터뷰의 핵심 질문에 들어가기 전에 필자에게 레부의 역사에 대해서 얼마만큼 알고 있는지를 알고 싶어 했다. 필자는 그동안 알고 있었던 레부에 대한 작은 지식을 들려주었다. 파예는 동양인이 레부에 대해서 잘 알고 있다며 고맙

음보르 파예(Mbor Faye)와의 필자. 1948년생으로 디암부르 위원을 역임하였다. 2012년 7월 15일 촬영.

다는 말과 함께 레부의 역사에 관해 이야기 하였다. 물론 필자가 국립 고서 자료실에 수집하여 얻는 지식과는 큰 차이가 없어 보였다. 하지만 파예의 시각은 필자의 시각과는 약간의 차이가 있었다. 즉, 파예는 "레부 공동체는 구성원 간의 사회적 협상을 통해 건설된 공동체"라는 점을 강조하면서 고대 그리스 도시 국가와 비교하기도 하였다. 이 점에서는 아직은 필자가 100%로 신뢰할 수 없는 부분이 있지만, 앞으로 레부 역사에 대한 심도 있는 연구에서는 고려할 필요가 있지 않나 생각한다.

이러한 역사관을 가지고 있어서 그런지 다카르 도시화 때문에 레부의 정체성 유지와 관련된 위협에 대해서는 그렇게 큰 걱정을 하지 않는 것 같다. 레부 공동체는 사회조직이 비교적 안정된 공동체라는 파예는 "요프의 레부 사람들을 결속시켜주고 안정되게 해주는 것은 제도"라고 단호히 말한다. 프랑스 식민지 정부가 레부의 사회 · 정치 제도들을 없애려고 했지만 성공하지 못했다는 것이다. 그에 의하면 독립 이후, "세네갈 정부도 레부의 사회 · 정치 제도들을 합법적으로 인정"했기 때문에 요프의 레부 공동체의 정체성은 이러한 제도를 통해서 유지될 수 있다는 것이다.

그러면서 마지막으로 그는 레부의 정체성을 유지해주는 것이 "문화"와 "전통"임을 강조하였다. 특히, '월로프의 확산이 레부 정체성의 위협 요소로 작용하지는 않는가?'라는 필자의 질문에 망설임 없이 다음과 같이 대답한다. "나는 이 부분에 관해 크게 염려하지 않으며, 위협이라고 생각하지도 않는다." "왜냐하면, 레부 사람들은 강한 문화와 전통을 가지고 있기 때문이다." 파예의 이러한 마지막 대답이 이제까지 시행한 10명의 인터뷰 내용을 축약하지 않았나 생각한다.

참 고 문 헌

Angrand, A.-P. 1946. *Les Lébous de la presqu'ile du Cap-vert, Dakar*, Paris: Maison du Livre.

Balandier, G. Mercier, P. 1952. "Les pêcheurs Lébou du Sénégal." *Etudes sénégalaises*, n°3.

Birahim, 1972. "La société Lébu, la formation d'un peuple, la naissance d'un Etat." Dakar: Université Dakar.

Cissé, B. 2006. "Développement local et autogestion des collectivités locales." *Mémoire de l'Université Dakar,* Dakar: l'Université Dakar.

Diouf, M. 1994, Sénégal, les ethnies et la nation, Paris: L'Harmattan.

Dumez, R. 2000. *Yoff, Le territoire assiège, Dossiers régions cotières et petites iles*. Paris: Unèsco.

Fall, Papa Demba. 1986. "Du village au banlieur." *Thèse de doctorat de géographie*, Dakar: Université Dakar.

Faye, Cheikh Faty. 2000. *Les enjeux politique à Dakar(1945-1960)*, Paris: L'Harmattan.

Glasman, J. 2004. "Le Sénégal imaginé, Evolution d'une classification ethnique de 1816 aux années 1920." *Afrique*

& histoire 2, 111-139.

Gostinfky, T. 1976. “Sur l’histoire ancienne des Lébu du Cap-Vert.” *Bulletin IFAN* 38(2): 223-233.

IFAN. 1949. *La presqu'ile du Cap-Vert*, Dakar: IFAN

_____. 1960. *Carte Ethno-démographiques de la l'Afrique occidental*. Dakar: IFAN.

Laure Kane(Ed). 2010. *Dakar*, Chatillon: Laure Kane.

Mbengue, C. T. 1992. “Origines et Traditions conniassance et techniques martimes et nautique chez les Lébous du Cap-Vert.” *Mémoire de Université Dakar*, Dakar: Université Dakar.

Mercier, P. Balandier, G. 1952. *Particularisme et évolution, les pêcheurs Lébou du Sénégal*, Dakar: IFAN, Saint-Louis.

Pasquier, R. 1959. “Ville du Sénégal au XIXe siècle,” *Revue Française d’Histoire d’Outre-Mer*, T. XLVI.

Simone, A. 1969. “On Village dans le grand banlieu de Dakar.” *Mémoire de l’Université Dakar*, Dakar: Université Dakar.

Sylla, O. 1969. “Langage et technique therapeutique des cultes de possession des Lébou du Sénégal.” *Bulletin de l’IFAN* (Serie B), 590-641.

Yahmed(dir.), D. B. 2007. *Atlas du Sénégal*, Paris: Ed J.A.

Zempleni, A. 1968, "La dimension thérapeutique du culte des rab. Ndop, tuur et Samp, rites de possession chez les Lébou et les Wolof." *Psychopathologie Africaine* 3: 295-439.

http://encyclo.voila.fr/wiki/Fichier:EthniesS%C3%A9n%C3%A9gal.jpg. (2012년 12월 10일 검색)

http://fr.images.search.yahoo.com/images. (2013년 1월 18일 검색)

글을 마치면서...

십여 년 넘게 아프리카 현지조사를 다녔지만, 갈 때마다 이 지역이 생소하게 느껴지는 이유는 필자가 아직은 아프리카 현지조사 전문가로서의 자질이 부족하기 때문이 아닌가 생각한다. 이러한 자질의 부족 중 하나는 책 출판에 대한 필자의 두려움이 아닐까?

국내에서 출판되고 있는 아프리카 관련 책들은 전문 저서(번역서 포함)이거나 일반 저서이다. 이 중에서 일반 저서의 내용들은 하나같이 아프리카 전체를 단 몇 페이지에 재미있게 옮기려고 애쓰는 모양들이 글 속에서 나타나 있다. 아마 이것은 54개 국가를 포함하는 아프리카 전체를 집필하기 위한 산고 속에 만들어진 것이 아닌가 한다. 재미를 중시하는 일반 독자들을 위해서는 좋은 결과가 아닌가?

하지만 필자의 이 글은 재미없다. 필자가 사회과학자라서 그런지, 논리적인 틀 속에서 허튼소리를 안 쓰려는 문체들이 무겁고 더욱 재미없게 만들지 않았나 생각한다. 그렇다고 어려운 이론들을 거들먹거리며 이 글을 쓰려 하지는 않았다. 하지만 이 글은 필자가 생각하고 계획했던 만큼이나 아프리카의 모습이 독자들의 마음속에 재미있게 각인되고 오래 기억될 수 있기에는 많이 부족해 보인다.

가장 중요한 원인은 쥐꼬리만 한 문명의 이기주의가 현지조사 동안 필자의 머릿속에 줄곧 자리 잡고 있었다는 것이다. 또 하나는 필자의 몸이 자본주의 피부로 둘러싸여 있어, 요프의 레부 사람들의 참모습을 제대로 읽어내지 못하고 있다는 것이다. 그동안 현지조사를 하면서 가장 큰 불만으로 여겨졌던 자료 수집의 어려움, 단기 연구 기간, 현지의 열악한 환경 등은 별개의 문제인 것 같다.

필자는 이 글을 집필하면서, '학문적 지식 없이 호기심 반, 두려움 반으로 아프리카를 방문하는 여행자들보다도 못한 열린 마음을 갖고 있지 않았나?' 하는 생각을 수없이 하였다.

하지만 필자는 독자들이 이 글을 통해 세네갈 수도 다카르 근교에 있는 작은 마을 '요프'에서 일어나는 사소한 일들까지도 놓치지 않고 관심을 가지는 기회가 되리라 생각한다.

그렇다! 아프리카라는 큰 대륙에 있는 아주 작은 지역에 관한 현지조사가 아프리카, 특히 세네갈의 모든 것을 말해 줄 수는 없을 것이다. 하지만 최소한 현지에서 일어났던 현상과 작금에 일어나고 있는 현상들은 과거에 머문 것이 아니라 현재 진행형이라는 점에서, 필자의 글이 크게는 아프리카, 작게는 세네갈을 이해하는 데 조금이라도 도움이 될 것이라 확신한다.

정치학을 전공한 한 사회과학자가 민족지라고 독자들 앞에 내놓는 이 글이 최선이라고는 감히 말하지 않겠다. 이 점에 대해서 독자들의 이해를 바라며, 거침없는 비판과 조언을 언제든지 기다리고 수용할 것이다.

2013년 2월 1일
모현 연구실에서
이한규

[세네갈 개관]

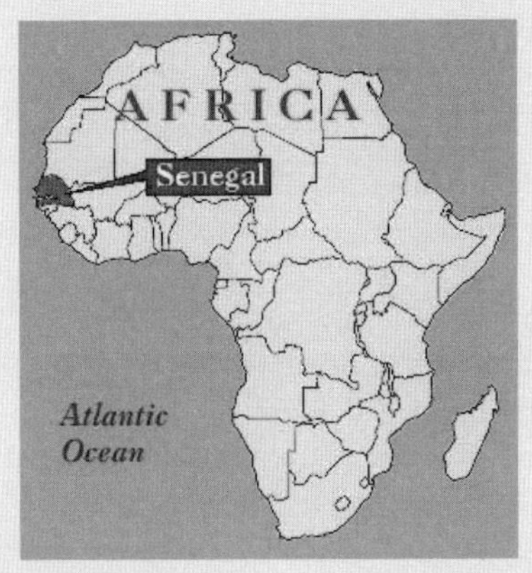

출처: http://fr.images.search.yahoo.com/images

현재 국명으로 쓰이고 있는 세네갈은 16세기부터 프랑스 언어로 사용된 이름이다. 하지만 15세기 한 유럽 여행자가 지금의 세네갈 강 유역에 거주하는 어촌에 다다르게 되었는데, 이 여행자가 강의 이름이 무어냐고 한 어부에게 물었다고 한다. 이에 어부는 이 여행자가 배를 태워달라는 뜻으로 여기고, 월로프어로 카누라는 뜻을 가진 '수누갈'(sunu gaal)이라고 알려준 것이 오늘날의 세네갈 국명이 된 것이다.

지정학과 자연생태 포르투갈 식민지였던 카뽀-베르데(Cap—Verde)를 제외하고 미 대륙과 가장 가까이 있는 세네갈은 서경 17° 30' 에서 동경 11° 30' 사이, 북위 12° 30' 에서 16° 30' 에 위치해 있으며, 북쪽으로는 모리타니, 동쪽으로는 말리, 남쪽으로는 기니, 기니비소와 국경을 마주하고 있다. 전체 면적은 남한의 약 2배가 되는 196,722㎢이며, 아프리카 대륙의 동고서저(東高西低) 현상으로 해발 130미터의 낮은 평원지대를 형성하고 있다. 세네갈은 약 500㎞의 긴 해안을 형성하고 있을 정도로, 바다가 세네갈의 자연 환경에 영향을 미치고 있다. 세네갈은 사할 기후대와 수단 기후대를 형성하고 있다. 사할 기후대는 살룸(Saloum)강 이북 지역에서 형성된 기후대로, 하마탄(열대건조바람)의 영향으로 무더운 편이며 연평균 강수량도 350㎜밖에 되지 않는다. 반면, 살룸 강 이남 지역은 수단 기후대를 형성하고 있고, 최남단 지역은 열대 우림 지역에 속해 있어 다양한 기후적 특성을 보인다. 연평균 강수량이 1000㎜ 정도이지만 기온은 25℃에서 35℃로 사할 기후대보다는 무더운 편이다.

인구 구성

세네갈의 인구는 2013년 현재 1,350만 명 정도이며, 인구의 75%가 농촌에 거주하고 있고, 여성이 51% 정도를 차지하고 있다. 전체 인구의 47%가 15세 미만이고 65세 이상의 인구는 5%를 차지하는 전형적인 피라미드형 인구 구조를 가지고 있다. 세네갈은 서아프리카의 중심지로서 현재까지도 세네갈 국내뿐만 아니라 이웃 국가에서의 이주가 끊임없이 일어나고 있어, 종족이 다양하게 분포되어 있다. 현재 약 30여 개 종족이 살고 있으며, 이 중에 월로프족이 전체 인구의 43%를 차지하고 있고, 이들 대부분은 서부 지역에 분포되어 있다. 레부 사람들은 행정상 월로프 인구로 잡혀 있다. 이어 세네갈 내륙 동부에는 전체 인구의 약 25%를 차지하는 풀라니족들이 자리 잡고 있다. 하지만 도시로의 인구 집중으로 인해 범죄, 거주 환경, 실업 등 각종 문제들로 세네갈 당국이 골머리를 앓고 있다. 2013년 현재 다카르에는 전체 인구의 26%에 해당하는 약 3백 20만 명이 거주하고 있다(세네갈 경제 활동의 80%가 다카르에서 이루어지고 있음).

역사

이슬람 침입 시기 이전의 세네갈에 대한 역사 기록은 다른 이웃 국가들과 마찬가지로 고고학 자료에 의존할 수밖에 없다. 동아프리카와 남아프리카 지역과 달리, 이 지역과 유사한 시기의 인류 화석의 흔적은 많이 발견되지 않았다. 다만 35만 5천 년에서 7만 5천 년 시기의 것으로 보이는 구석기 시대의 유물이 파레메(Falémé) 계곡에서 발견됨으로써, 구석기 시대에 세네갈에는 인류가 거주했을 것이라 추정할 수 있게 해 준다. 하지만 세네갈이라는 이름으로 역사가 언제 시작되었고 어디서부터 시작되었는가에 관한 명확한 답은 아직까지도 찾지 못하고 있다.

〈지도 10〉 대서양 횡단 항로와 까브-베르

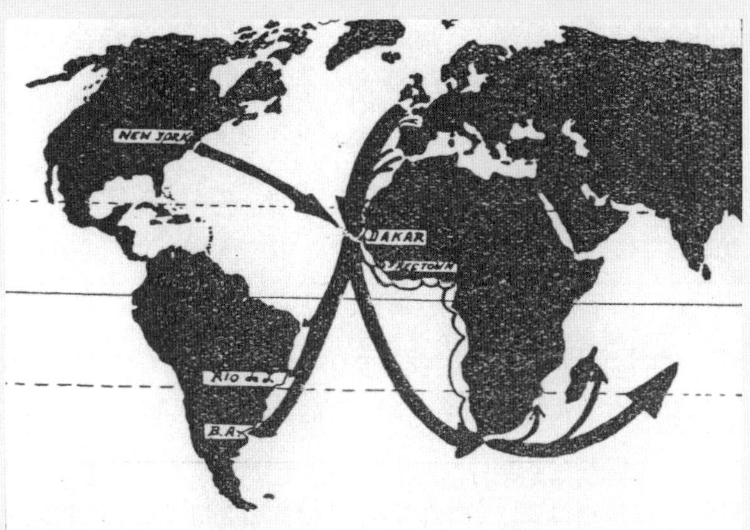

출처 : IFAN 1949, p.10.

단지 16세기 송가이(Songhay) 제국의 멸망과 함께 광대한 사할 지역을 통치하는 세력이 등장하지 못했는데, 이때 이 지역에서 크고 작은 왕국과 족장 관할 지역 등이 건설되었다. 세네감비아에 세워진 여러 왕국도 이러한 과정에서 형성되었으며, 그 중에 1200년경에 세워진 졸로프(Djolof) 왕국이 대표적이다. 1550년경 졸로프 왕국의 쇠퇴로 지금의 세네갈에는 와로(Walo), 까요르(Cayor), 바올(Baol), 신느(Sine), 살룸 같은 작은 왕국들이 들어서게 되었다. 하지만 유럽의 노예무역과 식민 지배로 인해 대부분 왕국들은 파괴되었다.

식민 지배

1455년 포르투갈인이 처음 세네갈에 발을 들여놓은 이후, 고레(Gorée) 섬을 중심으로 세네갈은 네덜란드, 영국, 프랑스 등에 의해 수차례의 정복 전쟁터가 되었다. 18세기 영국은 지금의 감비아 지역을 식민 지배하는 것으로 만족하는 반면, 프랑스는 현재의 세네갈에 대한 실질적인 식민 지배국가로 자리 잡게 된다.

이후 세네갈은 프랑스의 대표적인 식민 통치인 동화(assimilation) 정책의 실험장이 되었고, 이를 통해 자신들의 식민 정책을 다른 아프리카 지역에도 확산시켜 나갔다. 프랑스령 서아프리카 식민 행정 도시 생 루이(Saint-Louis)가 지금의 다카르로 이전한 것(1857년)도 프랑스 식민 지배가 본격화되기 시작한 시기이다. 프랑스는 4개 도시(Dakar, Gorée, Saint-Louis, Rufisque)를 중심으로 동화정책을 정착시켰고, 그 결과 이들 도시는 프랑스 식민 경제의 중심지가 되었을 뿐만 아니라 산업과 인구의 도시 집중화를 유발하였다. 그럼에도 불구하고 프랑스의 동화정책은 세네갈 사람들이 선거와 정당이라는 정치적 행태를 통해서, 자신들의 의사를 반영할 수 있는 제도적 경험을 19세기부터 할 수 있게 해 주었다. 이는 독립 이후 대부분 아프리카 국가들이 국민 통합의 목적으로 단일 정당제를 정당화함에도 불구하고, 세네갈은 제한적이지만 다당제를 유지하는 유일한 서아프리카 국가가 되는데 기여하기도 하였다. 2차 세계 대전 이후, 국제사회에서는 탈식민주의 운동이 활발하게 진행되었다. 그럼에도 프랑스는 식민지의 자국 영토화를 위한 1945년 '프랑스 연합'(Union française), 준 간접 식민통치를 위한 1956년의 '르와-까드르법'(Loi-cadre), 자신들의 식민지를 프랑스 공동체에 잔류시키려는 1958년의 '프랑스 공동체'(Communauté française) 등으로 식민 제국주의 근성을 포기하지 못하고 있었다. 하지만 196년 동안의 프랑스 식민 지배로부터 벗어나려는 세네갈인의 욕망을 억누를 수는 없었다. 1958년 식민 정부는 세네갈 · 말리 연방이라는 방법으로 독립시켰지만, 1960년 6월 말리가 연방으로부터 분리 독립하면서 세네갈은 1960년 8월 20일 완전한 독립을 맞게 된다.

독립 이후

1960년 8월 프랑스 유학파 레오폴드 생고르는 프랑스 식민 지배로부터 독립한 세네갈의 초대 대통령으로 취임한다. 세네갈은 1980년 초대 대통령의 자진 퇴임으로 아브두 디우프(Abdou Diouf)가 19년 동안 장기 집권하게 된다. 하지만 경제 불황으로 국민의 지지를 받지 못한 사회주의 정부는 2000년 선거에서 야당 연합 후보인 아브두라예 와드(Abdoulaye Wade)에게 패하였다. 40년 만에 정권 교체를 이루어낸 세네갈은 넬슨 만델라 정부의 남아프리카 공화국과 함께 아프리카 민주화의 대표적인 모범 사례가 되기도 하였다. 2007년 국민의 신망을 얻은 와드는 대선에서 55.79%의 지지를 얻어, 큰 문제없이 임기 5년의 대통령에 재선되었다. 하지만 와드는 2011년 헌법 수정을 통해 부통령제를 신설(아들 카림 와드를 겨냥한 것임)하여 간접적인 정권 연장을 모색하려다가 같은 해 6월 국민의 거센 저항을 받는다. 그럼에도 불구하고 3선 연임에 도전한 와드는 2012년 2차 결선 투표에서 65.80% 지지를 얻은 전 총리 맥키 샬(Macky Sall)에 패함으로써, 세네갈에서는 독립 이후 3번째로 진정한 국민투표를 통해 정권 교체가 일어났다. 특히 이번 선거는 선거 패배에 대한 전 대통령 와드의 깨끗한 승복과 평화적인 정권 교체의 전통이 이어졌다는 점에서, 민주주의를 위한 국민의 승리로 간주되고 있다. 현재 세네갈은 다당제 민주주의를 바탕으로 대통령 중심제를 채택하고 있는 비교적 안정된 민주주의의 전통을 정립해 나가고 있다.

경제

21세기 들어 세계의 관심이 아프리카 석유, 금, 우라늄, 천연 가스 같은 고부가 가치를 창출하는 자원에 집중되어 있다면, 세네갈은 아마도 현재까지는 예외일 것이다. 하지만 독립 이전 세네갈은 17~19세기까지 노예, 19세기 이후에는 유럽인들의 기호품인 땅콩, 커피, 카카오, 바나나, 목화 같은 1차 상품이 중심이 되는 식민 경제의 중심지이기도 하였다. 그만큼 비옥한 토지와 다양한 농산물을 생산할 수 있는 기후 조건이 적합하였던 것이다.

이처럼 세네갈은 전형적인 농업 국가로 전체 인구의 70%가 농업에 종사하고 있으며, 주요 생산 농산물은 밀, 쌀, 땅콩, 인삼염 등이다. 이들 농산물 중 땅콩이 수출 환금 작물 전체 경작 면적의 5분의 2를 차지하고 있어 여전히 구 식민 경제 구조에 의존하고 있다. 정부는 이러한 수출 의존도를 낮추기 위해서 원예 같은 다양한 작물 생산 확대에 힘쓰고 있는 중이다. 또한 풍부한 어업 자원은 국민 총생산의 10분의 1을 차지하고 있어 농업 다음으로 중요한 수출 품목이다. 농산물 외에 세네갈 동남부 탐바쿤다(Tambacounda) 지역에는 부존자원이 매장되어 있으나 채굴의 경제성(도로 건설, 운송, 투자 자본, 기술 등)으로 인해 현재 개발이 잘 이루어지지 못하고 있다.

2010년 현재 세네갈 1인당 국민소득은 1,900$로 2001년의 478$에 비해 3.9배가량이 증가하였지만, 외채가 국민 총생산의 9%를 차지하고 있어 경제는 불안정하다. 더욱이 실업률이 48%

로 세계 9위를 차지하고 있다. 이 중에 전체 인구의 45%를 차지하는 청년 실업률이 25%에 달한다. 그럼에도 불구하고 2004년 이후 경제 성장률이 4% 이상 꾸준히 유지되고 있다. 현재 세네갈 정부는 지속적이고 안정적인 경제 성장을 위해서 에너지, 인프라, 교육을 중점 사업으로 추진하고 있다.

세네갈 레부
사람들의
전통공간

인쇄 / 2013. 03. 26
발행 / 2013. 03. 30

저 자 / 이 한 규
발행인 / 장 용 규
발행처 / 한국외국어대학교 아프리카연구소
주 소 / (449-791) 경기도 용인시 모현면 왕산리
산 87번지
전 화 / 031-330-4853
펴낸곳 / 다 해 (02-2266-9247)

값 12,000원

ISBN 978-89-88527-94-8 03930